Familienküche
VEGETARISCH

70 abwechslungsreiche und
unkomplizierte Rezepte
für jeden Tag

susasrezepte
SUSI FRANC

Tragen Sie sich jetzt unter
www.vegetarisch-und-vegan.de
für unseren Newsletter ein und erhalten
Sie zu neuen Veröffentlichungen
Leseproben und kostenlose Rezepte!

riva

Inhalt

Vorwort

Hallo, ich bin Susi und das ist mein erstes Kochbuch. Ich bin ganz aufgeregt und freue mich, dass du es in deinen Händen hältst. Seitdem ich im Februar 2018 mit Instagram angefangen habe, war es ein großer Traum von mir, ein Kochbuch zu veröffentlichen. Warum ich bei Instagram aktiv bin? Nun, Essen kochen und genießen ist mein Hobby. Also habe ich begonnen, meine Rezepte zu posten, die überwiegend vegetarisch sind. Wir haben unseren Fleischkonsum nämlich drastisch reduziert. Da ich vor allem vegetarisch koche, sind die Mitglieder meiner Familie zwangsläufig Teilzeit-Vegetarier*innen geworden. Da müssen sie jetzt durch, sonst müssten sie selbst kochen. Aber Spaß beiseite. Ich finde vegetarische Kost sehr vielseitig. Dabei achte ich darauf, meist unverarbeitete Lebensmittel zu verwenden. Natürlich greife ich hin und wieder zu fertigen Produkten wie zum Beispiel Gnocchi oder Hülsenfrüchten aus der Dose. Aber das bildet eher die Ausnahme und ist wirklich hin und wieder okay. Auch Tiefkühlgemüse oder -obst ist in Ordnung, denn beides wird frisch vom Feld schockgefrostet und die Vitamine bleiben größtenteils erhalten.

Da ich gerne koche, aber nicht immer viel Zeit habe, sind meine Rezepte einfach und unkompliziert in der Zubereitung. Weil mein Mann polnische und ich slowakische Wurzeln haben, findest du hier auch polnische und slowakische bzw. aus den jeweiligen Küchen inspirierte Gerichte, damit du den Geschmack unserer jeweiligen Geburtsländer kennenlernen kannst. Gut, ein, zwei etwas aufwendigere Rezepte sind da auch dabei, doch die Mühe lohnt sich allemal.

Ich hatte übrigens beim Entwickeln der Rezepte einige Versuchskaninchen, und denen hat alles wunderbar geschmeckt. Ich hoffe, dir wird es ebenso ergehen. Und nun viel Spaß beim Ausprobieren.

Liebe Grüße

Susi

Zum Umgang mit diesem Buch

Bei jedem Rezept findest du Nährwertangaben:
- kcal steht für Kilokalorien,
- KH für Kohlenhydrate,
- EW für Eiweiß,
- F für Fett

Frühstück

Buttermilchbrötchen

Nährwerte pro Stück: 152 kcal • 17,6 g KH • 7,1 g EW • 5 g F

ca. 30 Minuten
Für 8 Stück

50 g Karotte
250 ml Buttermilch
125 g gemahlene Haferflocken
125 g Dinkelmehl
17 g Weinsteinbackpulver
40 g gemahlene Sonnenblumenkerne
10 g gemahlene Leinsamen
2 Eier

1. Den Backofen auf 180 °C Umluft vorheizen.

2. Die Karotte putzen, waschen und sehr fein raspeln. In einer Schüssel mithilfe eines Handrührgeräts mit den restlichen Zutaten vermischen und aus dem Teig 8 Bällchen formen.

3. Ein Backblech mit Backpapier auslegen und die Bällchen darauflegen. Ein feuerfestes Gefäß mit Wasser füllen und auf den Boden des Ofens stellen. Brötchen im vorgeheizten Backofen 20 Minuten backen.

Schokoaufstrich aus Süßkartoffeln

Nährwerte pro Portion (20 g): 164 kcal • 16 g KH • 3 g EW • 9 g F

ca. 30 Minuten
Für ca. 400 g

1 Süßkartoffel (220 g ohne Schale)
40 g Nussmus
70 g Kokosmilch (der feste Teil)
20 g Kakaopulver
40 g entsteinte Datteln oder 2 EL Agavendicksaft

1. Die Süßkartoffel schälen, in kleine Stücke schneiden und in einem Topf mit kochendem Wasser 15–20 Minuten weich kochen. Durch ein Sieb abgießen und auskühlen lassen.

2. Süßkartoffel mit dem Nussmus, dem festen Bestandteil der Kokosmilch, dem Kakaopulver und den Datteln in einem Standmixer pürieren.

Der Aufstrich passt zu Pancakes (siehe Seite 17) und auf Brötchen (siehe Seite 9). Du kannst die Süßkartoffel auch 20 Minuten dämpfen, dann bleiben die Vitamine erhalten und sie behält ihr volles Aroma.

Apfelquarkkeulchen

Nährwerte pro Stück: 85 kcal • 11 g KH • 5 g EW • 1 g F

ca. 25 Minuten
Für 12 Stück

2 Äpfel (250 g)
2 Eier
250 g Magerquark
100 g Dinkelmehl
5 g Weinsteinbackpulver
Abrieb und Saft
von ½ Bio-Zitrone
30 g Zucker oder 50 g Erythrit
2 EL Öl zum Braten
Puderzucker zum Bestreuen
150 g Joghurt
1 EL Honig

1. Die Äpfel waschen, schälen, entkernen und in sehr kleine Stückchen schneiden.

2. Eier, Quark, Mehl, Backpulver, Abrieb und Saft der Zitrone und Zucker in einer Schüssel mit dem Handrührgerät verrühren. Apfel unterheben.

3. Das Öl in einer Pfanne erhitzen, den Teig portionsweise mithilfe eines Löffels hineingeben und die Keulchen darin bei schwacher Hitze und mit geschlossenem Deckel von beiden Seiten jeweils ca. 3 Minuten braten.

4. Mit Puderzucker bestreut servieren.

5. Den Joghurt mit dem Honig vermischen und zu den Apfelkeulchen servieren.

Baked-Oats-Muffins mit Apfel

Nährwerte pro Stück: 128 kcal • 15 g KH • 4 g EW • 5 g F

ca. 35 Minuten
Für 12 Stück

1 Banane (ca. 100 g ohne Schale)
2 Äpfel (ca. 250 g)
140 g Haferflocken
250 g Joghurt
2 EL Leinsamen
4 EL Wasser
50 g Haselnussmus
1 Prise Zimt
1–2 EL Zucker (optional)
1 TL Weinsteinbackpulver
1–2 EL Mandelblättchen
Nussmus (optional)

1. Backofen auf 180 °C Umluft vorheizen.

2. Die Banane schälen und in einer Schüssel mit einer Gabel zerquetschen.

3. Die Äpfel waschen, entkernen und raspeln. Mit den restlichen Zutaten (außer den Mandelblättchen und dem Nussmus) zur Banane geben, alles gut verrühren und Teig ca. 5 Minuten ruhen lassen.

4. Teig in 12 Silikonmuffinförmchen füllen, mit Mandelblättchen bestreuen und Muffins ca. 20 Minuten backen. Im Ofen auskühlen lassen. Nach Belieben mit Nussmus toppen.

Fluffige Pancakes

Nährwerte pro Stück: 62 kcal • 5 g KH • 4 g EW • 3 g F

ca. 25 Minuten
Für 8 Stück

3 Eier
30 ml Milch oder Pflanzendrink
55 g Dinkelmehl Type 630 oder Weizenmehl Type 405
2 g Weinsteinbackpulver
2 EL Erythrit oder 1 EL Zucker
2 TL Öl zum Braten
Puderzucker zum Bestreuen

1. Eier trennen. Die Eigelbe in einer Schüssel mit der Milch verrühren. Mehl und Backpulver hinzufügen und zu einem Teig vermischen.

2. Eiweiß mit dem Erythrit oder Zucker in eine zweite Schüssel geben und mit dem Handrührgerät steif schlagen. In 3 Schritten vorsichtig unter den Teig heben.

3. Die Pfanne dünn mit Öl einpinseln und erhitzen. Den Teig portionsweise in die Pfanne geben und bei n iedriger Temperatur (Stufe 3 von 10) mit geschlossenem Deckel 2–3 Minuten backen. Mit Puderzucker bestreuen und servieren.

Die Pancakes schmecken super mit Marmelade, Nuss-Nougat-Creme oder auch Honig. Ich habe sie so genannt, weil sie fluffig und flauschig wie eine Wolke sind.

Hirse-Porridge

Nährwerte pro Portion: 569 kcal • 84 g KH • 26 g EW • 13 g F

ca. 30 Minuten
Für 1 Portion

50 g Hirse
100 ml Milch oder Pflanzen-drink
1 Banane (100 g)
100 g Magerquark
2 EL Agavendicksaft (optional)
20 g Nussmus (optional)
Früchte nach Belieben

1. Hirse in ein Sieb geben, ausspülen und abtropfen lassen. Mit der Milch in einen Topf geben und ca. 20 Minuten köcheln lassen. Das Porridge dann in eine Schüssel füllen.

2. Banane schälen, ins Porridge geben und mit einer Gabel zerquetschen. Nach Belieben Magerquark und Agavendicksaft hinzufügen und verrühren. Mit dem Nussmus toppen.

3. Früchte nach Wahl waschen oder schälen, evtl. entkernen und klein schneiden.

4. Porridge mit den Früchten belegen und genießen.

Alternativ kannst du das Porridge auch auf 180 °C Ober-/Unterhitze im vorgeheizten Backofen ca. 20 Minuten backen und dann mit Früchten der Wahl toppen.

Mango-Kokos-Overnight-Oats

Nährwerte pro Portion: 552 kcal • 64 g KH • 11 g EW • 24 g F

ca. 15 Minuten
Für 1 Portion

150 g Mango (TK oder frisch)
200 g Kokosjoghurt
10 g Chiasamen
50 g Haferkleie oder Haferflocken
1–2 TL Zucker (optional)
1 TL Kokosflocken

1. Die frische Mango schälen, das Fruchtfleisch vom Kern trennen und klein schneiden. TK-Mango auftauen lassen.

2. Kokosjoghurt, die Hälfte der Mango, Chiasamen, Haferkleie und – nach Belieben – Zucker in einem Standmixer pürieren. Masse in ein Schraubglas füllen, die restliche Mango darauf verteilen und mit Kokosflocken toppen. Über Nacht im Kühlschrank ziehen lassen.

Du kannst statt Zucker natürlich das Süßmittel deiner Wahl verwenden.

Riesenpfannkuchen

Nährwerte pro Portion: 292 kcal • 29 g KH • 14 g EW • 12 g F

ca. 15 Minuten
Für 4 Portionen

FÜR DIE CHIAKONFITÜRE:

300 g Beeren (frisch oder TK)
3 EL Chiasamen
2–3 EL Zucker oder 4 EL Erythrit
1 EL Saft einer Zitrone

FÜR DEN TEIG:

3 Eier
1 EL Zucker oder 2 EL Erythrit
70 ml Sprudelwasser
40 g Dinkelmehl
1 Prise Weinsteinbackpulver
1 TL Öl zum Braten

FÜR DAS TOPPING:

200 g Quark (20 % Fett)
1 Handvoll gehackte Nüsse (optional)

1. Für die Konfitüre frische Beeren waschen, verlesen und evtl. entstielen. Beeren, Chiasamen, Zitronensaft und Zucker in einem Standmixer pürieren, in eine Schüssel umfüllen und mindestens 2 Stunden kühl stellen.

2. Für den Teig die Eier trennen. Die Eigelbe mit dem Zucker in eine Schüssel geben und mit dem Handrührgerät schaumig schlagen. Sprudelwasser, Mehl und Backpulver dazusieben und vermischen.

3. Eiweiß in einer zweiten Schüssel steif schlagen und vorsichtig unter den Teig heben.

4. Etwas Öl in einer Pfanne erhitzen, den Teig hineingießen und bei niedriger Hitze backen, bis die Ränder anfangen, dunkel zu werden. Den Teig vorsichtig auf einen großen Teller stürzen und mit der rohen Seite nach unten wieder in die Pfanne gleiten lassen. Noch ca. 1 Minute mit geschlossenem Deckel backen.

5. Den Pfannkuchen vierteln. Zuerst mit Quark bestreichen, dann die Konfitüre darauf verteilen und nach Belieben noch mit Nüssen toppen.

Es bleibt Konfitüre übrig, diese solltest du gekühlt lagern und in wenigen Tagen aufbrauchen.

Hauptgerichte aus Topf und Pfanne

Geschmorter Chinakohl in Tomatensoße

Nährwerte pro Portion: 112 kcal • 4 g KH • 4,8 g EW • 7,8 g F

ca. 30 Minuten
Für 4 Portionen

1 Chinakohl (800 g)
2 EL Öl zum Braten
50 g Tomatenmark
150 ml Wasser oder Gemüsebrühe
1 Prise Salz
1 Prise frisch gemahlener Pfeffer aus der Mühle
1 Prise frisch gemahlener Pimentpfeffer
½ TL Knoblauchpulver
½ TL Zwiebelpulver
100 g Quark (40 % Fett)

1. Chinakohl waschen, Strunk und äußere Blätter entfernen und Chinakohl vierteln.

2. Öl in einer Pfanne erhitzen und den Chinakohl darin von allen Seiten anbraten. Den Kohl herausnehmen, das Tomatenmark hineingeben und kurz anbraten. Wasser, Gewürze und den Kohl wieder in die Pfanne geben und 20 Minuten mit geschlossenem Deckel garen.

3. Herd ausstellen und Quark unterrühren. Die Soße darf dabei nicht mehr kochen, sonst gerinnt der Quark.

Dazu passen Kartoffeln, Hirse oder Quinoa-Brei.
Ich habe Quark gewählt, weil er reicher an Eiweiß ist als zum Beispiel saure Sahne.
Als weitere Eiweißquelle bieten sich Bohnen an.

Kohlrabipfanne

Nährwerte pro Portion: 340 kcal • 26 g KH • 13 g EW • 20 g F

ca. 40 Minuten
Für 4 Portionen

4 Eier
2 Kohlrabi (ca. 500 g)
400 g Kartoffeln
1 EL Öl zum Braten
20 g Butter
1 l Wasser
100 g Sahne
2 Lorbeerblätter
1 Prise Salz
1–2 TL Kräuteressig
1 TL Zucker (optional)
1 Handvoll frischer Dill
oder 1 TL TK-Dill

1. Die Eier in einem Topf mit Wasser hart kochen.

2. Kohlrabi und Kartoffeln putzen, waschen, schälen und in kleine Stücke schneiden. Öl in einer Pfanne erhitzen und Kohlrabi und Kartoffeln darin anbraten. Die Butter darin schmelzen lassen.

3. Wasser und Sahne zugießen, das Gemüse muss mit Flüssigkeit bedeckt sein. Lorbeerblätter dazugeben und Gemüse in 20–25 Minuten weich köcheln lassen.
Mit Salz, Essig und nach Belieben Zucker abschmecken.

4. Den Dill waschen, trocken schütteln, sehr fein hacken und unterrühren.

5. Die Eier schälen und längs halbieren.

6. Das Gemüse auf 4 Teller verteilen und mit den Eiern servieren.

*Dieses Gericht ist typisch slowakisch.
Ich habe es etwas abgewandelt und vereinfacht, indem ich die Kartoffeln mitgekocht habe, die sonst als Beilage gegessen werden.*

Pasta mit Pistazien-Mangold-Pesto

Nährwerte pro Portion: 650 kcal • 75 g KH • 23 g EW • 29 g F

ca. 25 Minuten
Für 4 Portionen

400 g Dinkelnudeln, z. B. Spirelli oder Farfalle
250 g Mangold (nur die Blätter) oder Babyspinat
60 g Parmesan
60 g ungesalzene und geschälte Pistazien
60 ml Olivenöl
1 Spritzer Zitronensaft
1 Prise Salz

1. Nudeln in einem Topf mit Wasser nach Packungsangabe bissfest kochen. Währenddessen das Pesto zubereiten. Mangold waschen, trocken tupfen und die Stiele entfernen. Die Blätter grob zerkleinern. Den Parmesan reiben.

2. Alle Zutaten (bis auf die Nudeln) in einem Standmixer pürieren. 1–2 Kellen Nudel-Kochwasser untermischen.

3. Nudeln durch ein Sieb abgießen, auf Teller verteilen und das Pesto darauf geben.

Das Pesto kann auch als Aufstrich genutzt werden (dann ohne Nudelwasser), siehe Pizzatoasties von Seite 136.
Wenn die Stiele vom Mangold mitverarbeitet werden, dann bekommt das Pesto keine so intensive grüne Farbe.

Schupfnudeln mit Camembertsoße

Nährwerte pro Portion: 509 kcal • 43 g KH • 20 g EW • 28 g F

ca. 30 Minuten
Für 4 Portionen

500 g TK-Brokkoli
2 Knoblauchzehen
250 g Camembert
200 ml Milch (1,5 % Fett)
1 Prise Salz
1 Prise frisch gemahlener Pfeffer aus der Mühle
1 EL Öl zum Braten
500 g Schupfnudeln (Kühltheke)

1. Den Brokkoli auftauen lassen.

2. Die Knoblauchzehen schälen und klein schneiden.

3. Camembert in kleine Stücke schneiden, mit Milch, Salz, Pfeffer und Knoblauch pürieren.

4. Den Brokkoli in sehr kleine Stücke schneiden. Öl in einer Pfanne erhitzen und die Schupfnudeln und den Brokkoli darin anbraten. Die Camembertsoße hinzufügen und alles 10 Minuten köcheln lassen.

Cremige Bohnenpfanne (Fazuľový prívarok)

Nährwerte pro Portion: 358 kcal • 47 g KH • 15 g EW • 9 g F

ca. 45 Minuten
Für 4 Portionen

500 g Kartoffeln
1 Prise Salz
1 Prise frisch gemahlener Pfeffer aus der Mühle
1 Lorbeerblatt
2–3 Pimentkörner
500 ml Wasser
500 g weiße Riesenbohnen aus der Dose
100 g Sahne
100 ml Milch
30 g Dinkelmehl oder Speisestärke
1–2 EL Zitronensaft oder Essig
1–2 TL Zucker

1. Kartoffeln schälen, waschen und in kleine Stückchen schneiden (je kleiner, desto schneller gar). Dann mit Salz, Pfeffer, Lorbeerblatt, Pimentkörnern und Wasser in einen Topf geben (Lorbeerblatt und Pimentkörner am besten in ein Tee-Ei füllen). Wasser zum Kochen bringen und Kartoffeln in 15–20 Minuten weich garen.

2. Währenddessen Bohnen in ein Sieb abgießen, spülen und abtropfen lassen.

3. Wenn die Kartoffeln gar sind, die Bohnen hinzufügen.

4. Sahne, Milch und Mehl in einer Schüssel mit dem Schneebesen verquirlen und ebenfalls hinzugeben, 5 Minuten mitköcheln lassen, Lorbeerblatt und Piment entfernen, dann Topf vom Herd nehmen. Mit Zitronensaft oder Essig und Zucker abschmecken (erst zugeben, wenn die Soße nicht mehr kocht, um Flockung zu vermeiden).

Dieses Gericht ist in der Slowakei sehr beliebt.

Dampfnudeln (Parené buchty)

Nährwerte pro Stück: 120 kcal • 20 g KH • 4 g EW • 6 g F

ca. 2 Stunden
Für 24 Stück

FÜR DIE DAMPFNUDELN:

400 ml Milch
500 g Mehl Type 550 + mehr für die Arbeitsfläche
20 g frische Hefe
40 g Zucker
1 Ei
1 Prise Salz
250 g
Öl für den Aufsatz

FÜR DAS TOPPING:

100 g Butter
100 ml Milch
Puderzucker
Mohn, gemahlene Nüsse oder Kakao

Dieses Rezept ist typisch slowakisch und dazu noch unser Familienrezept. Wenn dir Dampfnudeln überbleiben, kannst du sie problemlos ohne das Topping einfrieren und aufgetaut in der Pfanne mit etwas Öl anbraten.

1. Milch in einem Topf lauwarm erwärmen und beiseitestellen.

2. Das Mehl in eine Schüssel geben. In die Mitte eine Mulde drücken und die Hefe hineinbröseln. Zucker und die lauwarme Milch zugeben und mit der Hefe und etwas Mehl verrühren. Die Mischung zugedeckt 10 Minuten gehen lassen.

3. Anschließend das Ei und das Salz hinzufügen und alles mit dem Handrührgerät zu einem Teig verkneten. Schüssel mit einem Geschirrtuch abdecken und Teig an einem warmen Ort 20–30 Minuten gehen lassen, bis sich sein Volumen deutlich vergrößert hat.

4. Den Teig auf einer bemehlten Fläche ca. 1 cm dick ausrollen und in 12 Quadrate schneiden. Auf jedes Quadrat 1 TL Konfitüre setzen. Dann Quadrate zu kleinen Bällchen formen, diese mit einem Tuch abdecken und erneut 10–15 Minuten gehen lassen.

5. Einen Dampfgareinsatz in einen Topf stellen und so viel Wasser angießen, dass der Aufsatz damit nicht bedeckt wird. Aufsatz mit Öl einstreichen. Die Bällchen hineinsetzen, einen Deckel auflegen und Dampfnudeln 6–8 Minuten dämpfen.

6. Butter und Milch in einem Topf erwärmen, bis die Butter geschmolzen ist.

7. Die fertigen Dampfnudeln mit Puderzucker und nach Belieben Mohn, Nüssen oder Kakao bestreuen und mit der Milch-Butter-Mischung übergießen.

Gebratene Auberginen mit Knoblauchmayo und Tomaten

Nährwerte pro Stück: 107 kcal • 3 g KH • 1 g EW • 10 g F

ca. 40 Minuten
Für 8 Stück

FÜR DIE KNOBLAUCH-MAYONNAISE:

140 ml Rapsöl
70 ml zimmerwarme Milch oder Sojadrink
2 Knoblauchzehen
1 EL Zitronensaft
1 Prise Salz
1 TL Zucker
1 TL süßer Senf

FÜR DIE GEMÜSE-SCHEIBEN:

1 Aubergine
2 mittelgroße Tomaten
2 EL Öl zum Braten

1. Für die Mayonnaise müssen das Öl und die Milch etwa die gleiche Temperatur haben.

2. Die Knoblauchzehen abziehen und klein schneiden. Mit Milch, Zitronensaft, Salz, Zucker und Senf in ein hohes Gefäß füllen und mit dem Stabmixer kurz mixen. Das Rapsöl langsam zugießen, den Stabmixer währenddessen auf dem Boden halten. Nach ca. 5 Sekunden langsam hoch und runter bewegen, bis sich alles schön gebunden hat.

3. Die Aubergine putzen, waschen und in 8 ca. 5 mm dicke Scheiben schneiden. Die Tomaten waschen und ebenfalls in Scheiben schneiden.

4. Öl portionsweise in einer Pfanne erhitzen und die Auberginenscheiben darin von beiden Seiten braten. (Alternativ die mit Öl bestrichenen Auberginenscheiben in der Heißluftfritteuse ca. 3–4 Minuten bei 180 °C backen.)

5. Die Auberginenscheiben mit jeweils ca. 15 g Knoblauchmayonnaise bestreichen und die Tomatenscheiben darauflegen.

Von der Mayonnaise bleibt einiges übrig, sie hält sich im Kühlschrank aber noch 2 Tage. Wer keine Zeit hat, selbst Mayonnaise zuzubereiten, greift zu 120 g fertiger Mayonnaise und mischt sie mit gehacktem Knoblauch.

Grünkohl-Haselnuss-Pesto

Nährwerte insgesamt: 961 kcal • 16,8 g KH • 43,8 g EW • 77,3 g F

ca. 5 Minuten
Für 330 g

150 g TK-Grünkohl
50 g Bergkäse
70 g Frischkäse oder Hüttenkäse
60 g Haselnusskerne
1 Prise Salz
1 Prise frisch gemahlener Pfeffer aus der Mühle
1 Spritzer Zitronensaft

1. Grünkohl auftauen lassen und Käse grob zerkleinern.

2. Alle Zutaten in einem Standmixer zur gewünschten Konsistenz pürieren.

Das Pesto passt super zu Pasta, Gnocchi oder Joghurtknödeln (siehe Seite 51).

Susi-und-Strolch-Pasta

Nährwerte pro Portion: 668 kcal • 95 g KH • 30 g EW • 15 g F

ca. 45 Minuten
Für 4 Portionen

FÜR DIE BOHNENBÄLLCHEN:

480 g Kidneybohnen aus der Dose
30 g Sonnenblumenkerne
2 EL Leinsamen
4 EL Wasser
80 g Haferflocken
3 EL Öl zum Braten
1 TL Salz
½ TL frisch gemahlener Pfeffer aus der Mühle
½ TL edelsüßes Paprikapulver

FÜR DIE SOßE:

2 Knoblauchzehen
700 ml passierte Tomaten
1 TL Oregano
1 Handvoll Basilikumblätter
1 TL Zucker
1 TL Salz
½ TL frisch gemahlener Pfeffer aus der Mühle
frisches Basilikum zum Garnieren

500 g Spaghetti

1. Zuerst die Bällchen zubereiten. Dafür die Bohnen in ein Sieb abgießen, spülen und abtropfen lassen. Mit Sonnenblumenkernen, Leinsamen, Wasser und Haferflocken in einem Standmixer pürieren und 5 Minuten stehen lassen. Dann mit angefeuchteten Händen Bällchen aus dem Bohnenteig formen.

2. Das Öl in der Pfanne erhitzen und die Bällchen darin rundum anbraten. Die Bällchen aus der Pfanne nehmen und beiseitestellen und warmhalten.

3. Für die Soße die Knoblauchzehen abziehen und sehr fein hacken. Das Basilikum waschen, trocken tupfen und fein hacken. Den Knoblauch in die Pfanne geben und kurz anrösten. Mit den passierten Tomaten ablöschen und die restlichen Soßenzutaten zufügen. 15 Minuten köcheln lassen. Zum Schluss die Bällchen darin noch einmal erwärmen.

4. Währenddessen die Spaghetti in einem Topf mit Wasser nach Packungsanweisung bissfest kochen.

5. Spaghetti in ein Sieb abgießen, auf Tellern anrichten, mit der Soße übergießen und mit dem Basilikum garnieren.

Bigos (polnischer Sauerkrauteintopf)

Nährwerte pro Portion: 184 kcal • 11 g KH • 11 g EW • 6 g F

ca. 3 Stunden
Für 4 Portionen

500 g Weißkohl
500 g Sauerkraut aus der Dose
1 Prise Salz
1 Prise frisch gemahlener Pfeffer aus der Mühle
1 Prise gemahlener Piment
2 Lorbeerblätter
2 Karotten
200 g Champignons
Öl zum Braten
50 g Tomatenmark
50 g getrocknete Pilze

1. Weißkohl putzen, waschen und in sehr feine Streifen schneiden. Den Kohl in einen Topf geben, mit ca. 200 ml Wasser übergießen und 20 Minuten köcheln lassen, bis er weich ist.

2. Das Sauerkraut in ein Sieb gießen und die Flüssigkeit wegschütten. (So wird der Bigos nicht zu sauer.) In einen Topf geben und mit so viel Wasser übergießen, dass es bedeckt ist. Salz, Pfeffer, Piment und Lorbeerblätter zufügen. Kraut 30 Minuten köcheln lassen.

3. Die Karotten schälen, putzen und grob raspeln. Die Champignons säubern und in kleine Stücke schneiden.

4. Etwas Öl in einer Pfanne erhitzen und die geraspelten Karotten darin 10 Minuten braten. Aus der Pfanne nehmen und beiseitestellen. Die Champignons hineingeben und so lange braten, bis das austretende Wasser komplett verdunstet ist. Das Tomatenmark unterrühren. Nun Weißkohl, Sauerkraut und Karotte hinzufügen und gründlich vermischen.

5. Die getrockneten Pilze unterheben. Bigos bei sehr schwacher Hitze mindestens 2 Stunden köcheln lassen, dabei zwischendurch umrühren.

Dazu passt frisches Brot. Bigos ist ein typisch polnischer Krauteintopf und wird an allen Feiertagen serviert. Traditionell wird er am nächsten und übernächsten Tag jeweils 1–2 Stunden weitergeköchelt, er ist aber schon nach 2 Stunden fertig und sehr lecker.

Blumenkohl-Bratlinge mit Gurkensalat

Nährwerte pro Bratling: 80 kcal • 12 g KH • 3 g EW • 1 g F
Nährwerte Gurkensalat insgesamt: 52 kcal • 8,5 g KH • 1,2 g EW • 0,4 g F

ca. 40 Minuten
Für 16 Stück

FÜR DEN GURKENSALAT:

1 Salatgurke
2 EL Essig
1 TL Zucker
1 Prise Salz
1 Prise frisch gemahlener Pfeffer aus der Mühle
frisch gehackter Dill (optional)

FÜR DIE BRATLINGE:

1 Blumenkohl (ca. 1 kg)
250 g Karotten
4 Stängel frische Petersilie
2 Knoblauchzehen
200 g Vollkornpaniermehl
2 Eier
1 Prise Salz
1 Prise frisch gemahlener Pfeffer aus der Mühle
1 Prise frisch geriebene Muskatnuss
Öl zum Braten

1. Zunächst den Salat zubereiten. Dazu die Gurke waschen, schälen, raspeln oder in Scheiben hobeln. In einer Salatschüssel Essig, Zucker, Salz und Pfeffer vermischen. Gurken zufügen und gründlich mit dem Dressing überziehen. Nach Belieben noch mit Dill bestreuen. Bis zum Verzehr ziehen lassen.

2. Für die Bratlinge Blumenkohl waschen und putzen (den Stiel und die Blätter kann man mitverwenden). Karotten putzen und waschen. Petersilie waschen und trocken schütteln. Knoblauchzehen schälen. Alles in eine Küchenmaschine geben und hacken.

3. Vollkornpaniermehl, Eier, Salz, Pfeffer und Muskatnuss hinzufügen und gründlich vermischen. Aus dem Teig mit angefeuchteten Händen ca. 16 Kugeln formen und diese etwas platt drücken.

4. Öl in einer Pfanne erhitzen und Bratlinge darin von beiden Seiten goldbraun braten.

Dazu passen Kartoffeln und die Tartarsoße von Seite 89.

Gebratener Hafer wie Reis

Nährwerte pro Portion: 478 kcal • 60 g KH • 18 g EW • 16 g F

ca. 40 Minuten
Für 4 Portionen

300 g Hafer wie Reis
1 rote Paprikaschote
1 gelbe Paprikaschote
2 Pak Choi
4 Frühlingszwiebeln
2 Knoblauchzehen
2 EL Rapsöl
4 Eier
2 EL helle Sojasoße
2 EL dunkle Sojasoße
1 Prise frisch gemahlener Pfeffer aus der Mühle
2 EL Sesam- oder Erdnussöl

1. Hafer wie Reis mit der doppelten Menge Wasser in einem Topf nach Packungsangabe weich garen.

2. Die Paprikaschoten waschen, putzen und in mundgerechte Stücke schneiden. Pak Choi waschen, putzen und in dünne Streifen schneiden. Frühlingszwiebeln waschen, putzen und in Ringe schneiden. Knoblauch schälen und fein hacken.

3. Rapsöl in einer tiefen Pfanne erhitzen. Die Paprikaschoten, den Pak Choi und das Weiße der Frühlingszwiebeln darin anbraten. Den Knoblauch zugeben und kurz mitrösten.

4. Das Gemüse an den Rand der Pfanne schieben.

5. Die Eier in einer Schüssel mit dem Schneebesen verquirlen, bei Bedarf salzen und in die Mitte der Pfanne gießen. Anbraten und währenddessen immer wieder rühren.

6. Den Hafer wie Reis, Sojasoße und Pfeffer in die Pfanne geben und noch mal alles kurz anbraten. Zum Schluss das Sesamöl untermischen. Mit dem Rest der Frühlingszwiebeln garnieren und servieren.

Hafer wie Reis ist mittlerweile in Drogerien sowie gut sortierten Supermärkten erhältlich.

Joghurtknödel

Nährwerte pro Portion: 338 kcal • 72 g KH • 14 g EW • 2,5 g F

ca. 30 Minuten
Für 6 Portionen

500 g Joghurt
2 Eier
600 g Dinkelmehl
5 g Weinsteinbackpulver
1 TL Salz
100 ml Wasser (optional)

1. Alle Zutaten bis auf das Wasser in eine Schüssel geben und erst mit einer Gabel verrühren. Sollte der Teig zu fest sein, das Wasser untermischen und alles mit dem Handrührgerät vermischen.

2. 3 l Wasser in einem großen Topf zum Kochen bringen. Einen Esslöffel ins heiße Wasser tauchen, dann damit etwas Teig abnehmen und ins Wasser gleiten lassen. Vorgang wiederholen, bis der Teig aufgebraucht ist. Die Knödel so lange in dem siedenden Wasser garen, bis sie oben schwimmen.

3. Knödel mit einer Schaumkelle aus dem Wasser heben und wie Gnocchi, Nudeln oder als Süßspeise servieren.

Zu den Knödeln passt gut die Champignon-Rahmsoße von Seite 55. Man kann sie auch süß mit Vanillesoße und frischen Früchten genießen.

Halušky (slowakische Spätzle)

Nährwerte pro Portion: 606 kcal • 83 g KH • 27 g EW • 16 g F

ca. 30 Minuten
Für 4 Portionen

600 g mehlige Kartoffeln
300 g Dinkelmehl
1 Ei
1 TL Salz
1 Prise frisch gemahlener Pfeffer aus der Mühle
150 g Feta
200 g Quark (20 % Fett)
30 g Parmesan
150 g geräucherten Tofu oder veganer Speck
1 EL Öl zum Braten
½ TL geräuchertes Paprikapulver

1. Feta, Quark und Parmesan in einer Schüssel mithilfe eines Stabmixers zu einer glatten Masse pürieren.

2. Den Tofu mit Küchenpapier abtrocknen und in dünne Streifen hobeln. Öl in der Pfanne erhitzen, den Tofu knusprig braten. Mit Paprikapulver würzen.

3. Die Kartoffeln schälen, waschen und sehr fein raspeln oder mit der Küchenmaschine hacken. In eine Schüssel geben. Mehl, Ei, Salz und Pfeffer hinzufügen und zu einer glatten Masse verrühren. Falls der Teig zu flüssig ist, noch mehr Mehl zufügen.

4. Wasser in einem Topf erhitzen. Den Teig portionsweise in eine Spätzlepresse füllen und ins kochende Wasser pressen. 2–3 Minuten köcheln lassen. Wenn die Spätzle oben schwimmen, mit einem Schaumlöffel herausheben. Vorgang mit dem restlichen Teig wiederholen.
Die Spätzle warm halten.

5. Die Spätzle auf die Teller geben, die Fetamischung darauf verteilen und den Tofu darauf anrichten.

Wenn du keine Spätzlepresse hast, geht auch ein Schneidebrett. Einfach portionsweise Spätzleteig dünn auf das Brett streichen und mit dem Messerrücken kleine Streifen abschaben und in das Wasser gleiten lassen. Ansonsten kann man auch 1 kg fertige Spätzle aus der Kühltheke nehmen. Bryndzove halušky sind DAS Nationalgericht der Slowakei. Normalerweise wird es mit Brimsenkäse zubereitet, der in Deutschland nicht erhältlich ist. Diese Mischung kommt dem Geschmack aber sehr nahe.

Champignon-Rahmsoße

Nährwerte pro Portion: 110 kcal • 8 g KH • 9 g EW • 4 g F

ca. 30 Minuten
Für 4 Portionen

1 kleine Zwiebel
2 Knoblauchzehen
600 g Champignons
Öl zum Braten
2 EL Tomatenmark
2 EL Sojasoße
½ TL Salz
250 ml Gemüsebrühe
100 ml Hafersahne
20 g Speisestärke

1. Die Zwiebel schälen und in feine Würfel schneiden. Knoblauch ebenfalls schälen und fein hacken. Champignons putzen und in Scheiben schneiden.

2. Etwas Öl in einer Pfanne erhitzen und die Zwiebel darin glasig dünsten. Den Knoblauch hinzufügen und kurz mitrösten. Die Champignons zugeben und weitere 10 Minuten dünsten.

3. Tomatenmark, Sojasoße, Salz, Gemüsebrühe, Hafersahne und Speisestärke in einer Schüssel mit dem Schneebesen verquirlen und in die Pfanne gießen. Bei niedriger Temperatur alles 10 Minuten köcheln lassen.

Dazu passen Spätzle von Seite 52 oder die Joghurtknödel von Seite 51. Als zusätzliche Eiweißquelle passen Kichererbsen (aus der Dose) dazu. Diese 5 Minuten in der Soße mitkochen.

Hauptgerichte aus dem Ofen

Gnocchi aus dem Ofen

Nährwerte pro Portion: 557 kcal • 90 g KH • 23 g EW • 10 g F

ca. 40 Minuten
Für 4 Portionen

500 g Cherrytomaten
4 Knoblauchzehen
1 kg frische Gnocchi (Kühltheke)
2 EL Olivenöl
1 Prise Salz
1 TL frischen Thymian
1 Prise frisch gemahlener Pfeffer aus der Mühle
100 g gelbe Linsen (alternativ 240 g Linsen aus der Dose)
400 g Hüttenkäse
125 g Babyspinat

1. Die Cherrytomaten waschen. Die Knoblauchzehen schälen. In einer Schüssel mit Gnocchi, Öl, Thymian, Salz und Pfeffer vermischen.

2. Auf einem Backblech verteilen und im vorgeheizten Backofen auf 190 °C Ober-/Unterhitze 30–35 Minuten backen. Währenddessen die Linsen in ein Sieb füllen, spülen und abtropfen lassen.

3. Mit der doppelten Menge Wasser in einen Topf geben und 15 Minuten köcheln lassen. Überschüssige Flüssigkeit absieben.

4. Den gebackenen Knoblauch vom Backblech nehmen und mit dem Hüttenkäse pürieren.

5. Alle Zutaten in Schalen zu einer Bowl anrichten.

Kartoffelpuffer aus dem Ofen

Nährwerte pro Stück: 311 kcal • 44 g KH • 11 g EW • 18 g F

ca. 1 Stunde und 15 Minuten
Für 8 Stück

FÜR DIE KARTOFFELPUFFER:

1 ½ kg Kartoffeln
2 Karotten (optional)
175 g Tofu
2 Zwiebeln
4 EL Rapsöl
2 Knoblauchzehen
4 Stängel frische Petersilie oder 1 EL TK-Petersilie
2 Eier
30 g Dinkelmehl
30 g Grieß
1 Prise Salz
1 Prise frisch gemahlener Pfeffer aus der Mühle
1 Prise frisch geriebene Muskatnuss
½ TL getrockneter Majoran

FÜR DAS TOPPING:

saure Sahne
Frühlingszwiebel

1. Backofen auf 190 °C Ober-/Unterhitze vorheizen.

2. Die Kartoffeln schälen, waschen und fein raspeln. In ein Küchentuch füllen und die Flüssigkeit ausdrücken. Nicht zu viel, damit die Kartoffeln nicht zu trocken werden.

3. Wenn verwendet, die Karotten putzen, waschen und ebenfalls raspeln. Den Tofu mit Küchenpapier trocken tupfen und in dünne Streifen hobeln. Die Zwiebeln schälen und klein würfeln.

4. 1 EL Öl in der Pfanne erhitzen und den Tofu darin kross anbraten. Aus der Pfanne nehmen und beiseitestellen, dann die Zwiebeln in der Pfanne braten. Den Knoblauch schälen, fein hacken und kurz mitrösten.

5. Petersilie waschen, trocken schütteln und klein hacken.

6. Alle Zutaten (außer dem restlichen Öl) in einer Schüssel vermischen. Das Backblech mit 1 EL Öl einfetten und die Masse darauf 4 cm hoch verstreichen. Blech in den Ofen schieben und Masse auf der unteren Schiene 70–80 Minuten auf 180 °C O/U backen. 10 Minuten vor Ende der Backzeit mit dem restlichen Öl bepinseln, auf der obersten Schiene weiterbacken.

7. Blech herausnehmen und Masse in 8 Stücke teilen. Mit saurer Sahne und in Ringe geschnittener Frühlingszwiebel belegt servieren.

Dieses Rezept ist von meiner lieben polnischen Schwiegermama. Traditionell wird es mit Wurst und Speck gebacken und mit saurer Sahne und Frühlingszwiebel serviert.

Kartoffelpizza

Nährwerte pro Portion: 380 kcal • 54 g KH • 12 g EW • 10 g F

ca. 50 Minuten
Für 4 Portionen

500 g Kartoffeln
1 TL Salz
½ TL frisch geriebene Muskatnuss
½–1 TL frisch geriebener Pfeffer aus der Mühle
1 Packung fertiger Pizzateig (ca. 300 g)
50 g Kräuterfrischkäse
100 g Cheddar in Scheiben oder anderer Käse

1. Backofen auf 180 °C Ober-/Unterhitze vorheizen.

2. Die Kartoffeln schälen, waschen und in sehr dünne Scheiben schneiden oder hobeln. Auf ein sauberes Küchentuch legen und die Scheiben damit trocknen. Mit Salz, Muskatnuss und Pfeffer würzen.

3. Den fertigen Pizzateig auf einem mit Backpapier ausgelegten Blech ausrollen und mit dem Frischkäse bestreichen. Den Teig mit der Hälfte der Kartoffelscheiben belegen und den Cheddar darauf platzieren. Die restlichen Kartoffelscheiben darauf verteilen.

4. Pizza 20 Minuten auf der mittleren Schiene im Ofen backen. Dann weitere 10 Minuten auf der obersten Schiene.

Dazu passt gut ein Salat.

Pasta mit cremiger Tomatensoße

Nährwerte pro Portion: 484 kcal • 76 g KH • 21 g EW • 10 g F

ca. 50 Minuten
Für 4 Portionen

500 g Tomaten
200 g Karotten
4 Knoblauchzehen
1 Prise Salz
1 Prise frisch gemahlener Pfeffer aus der Mühle
1 EL Olivenöl
300 g Vollkornnudeln
240 g weiße Bohnen aus der Dose
2 Stängel Petersilie
60 g Kräuterfrischkäse

1. Backofen auf 180 °C Ober-/Unterhitze vorheizen.

2. Tomaten waschen und achteln, dabei die Stielansätze entfernen. Karotten putzen, waschen und in Scheiben schneiden. Knoblauchzehen schälen.

3. Das Gemüse in einer Schüssel mit Salz, Pfeffer und Öl vermischen. Auf einem mit Backpapier ausgelegten Backblech verteilen und 30–35 Minuten im Ofen rösten.

4. Währenddessen die Nudeln in einem Topf mit Wasser laut Packungsanleitung bissfest kochen. Danach durch ein Sieb abgießen, dabei 150–200 ml Kochwasser aufheben.

5. Die Bohnen in einem Sieb abtropfen lassen. Petersilie waschen, trocken schütteln und grob zerkleinern.

6. Bohnen mit dem gerösteten Gemüse, Frischkäse, Nudelwasser und Petersilie in einem Standmixer pürieren. Soße in einen Topf geben, mit den Nudeln vermischen, erwärmen und servieren.

Die Soße kann auch als Dip verwendet werden, dann ohne Nudelwasser.

Slowakischer Kartoffelauflauf (Francúzske zemiaky)

Nährwerte pro Portion: 478 kcal • 42 g KH • 27 g EW • 20 g F

ca. 1 Stunde und 30 Minuten
Für 4 Portionen

1 kg Kartoffeln
5 Eier
200 g saure Sahne
100 ml Milch
1 Prise Salz
1 Prise frisch gemahlener Pfeffer aus der Mühle
1 Prise frisch geriebene Muskatnuss
Öl für die Form
100 g veganer Speckersatz
100 g frisch geriebener Gouda

1. Kartoffeln gründlich waschen und mit der Schale in einem Topf mit Wasser in ca. 15 Minuten gar kochen. Dann das Wasser abgießen.

2. Währenddessen 4 Eier in einem zweiten Topf mit Wasser in 10 Minuten hart kochen.

3. Backofen auf 180 °C Ober-/Unterhitze vorheizen.

4. Die saure Sahne, die Milch, das restliche Ei, Salz, Pfeffer und Muskatnuss in einer Schüssel mit dem Schneebesen verquirlen.

5. Kartoffeln schälen und in Scheiben schneiden. Die Eier pellen und grob würfeln.

6. Eine Auflaufform einfetten, die Kartoffeln, die Eier und den Speck abwechselnd hineinschichten. Die letzte Schicht bilden die Kartoffeln. Auflauf mit der Sahnemischung übergießen und 30–40 Minuten im Ofen backen.

7. Den Käse reiben und nach etwa 20 Minuten der Backzeit auf die Kartoffeln streuen und goldbraun backen.

Überbackene Süßkartoffeln mit Hüttenkäsefüllung

Nährwerte pro Portion (2 Hälften): 624 kcal • 64 g KH • 24 g EW • 28 g F

ca. 1 Stunde und 25 Minuten
Für 4 Portionen

4 Süßkartoffeln
2 EL Olivenöl
8 Cherrytomaten
300 g Hüttenkäse oder Quark
150 g Frischkäse
1 Prise Salz
150 g Gouda
2 Frühlingszwiebeln

1. Backofen auf 180 °C Ober-/Unterhitze vorheizen.

2. Die Süßkartoffeln waschen, mit Küchenpapier trocken tupfen, dann halbieren und vorsichtig mit einem Küchenmesser einstechen. Auf ein mit Backpapier belegtes Blech legen und mit dem Olivenöl bestreichen. 40–50 Minuten im Ofen backen.

3. Die Süßkartoffeln etwas auskühlen lassen und mithilfe eines Löffels vorsichtig aushöhlen, dabei ca. 1 cm Rand stehen lassen. Wieder auf das Backblech setzen.

4. Die Tomaten waschen und in kleine Stücke schneiden. Mit dem Hüttenkäse, dem Frischkäse, dem Salz und dem übrigen Süßkartoffelfleisch in einer Schüssel verrühren. Die Masse in die ausgehöhlten Süßkartoffeln füllen.

5. Käse reiben und über die Kartoffeln streuen.

6. Die Backofentemperatur auf 200 °C erhöhen und die Kartoffeln auf der obersten Schiene 10–15 Minuten im Ofen überbacken.

7. Die Frühlingszwiebeln putzen, waschen, in Röllchen schneiden und vor dem Servieren über die Kartoffeln streuen.

Überbackener Fenchel

Nährwerte pro Portion: 355 kcal • 12 g KH • 33 g EW • 18 g F

ca. 35 Minuten
Für 4 Portionen

150 g Erbsen- oder Sojahack getrocknet oder 500 g veganes Hack
500 g Fenchel
½–1 TL Salz
½ TL frisch gemahlener Pfeffer aus der Mühle
2 Knoblauchzehen
30 g Butter
20 g Dinkelmehl
300 ml Milch (1,5 % Fett)
100 g Gouda
Öl zum Braten und für die Form

1. Erbsen- oder Sojahack nach Packungsanweisung vorbereiten.

2. Den Fenchel waschen, die Stiele abschneiden (weiche Stiele können mitverwendet werden) und die Knollen in mundgerechte Stücke schneiden. In einem Topf mit kochendem Salzwasser in 5 Minuten bissfest garen. Dann durch ein Sieb abgießen.

3. Backofen auf 200 °C Ober-/Unterhitze vorheizen.

4. Die Knoblauchzehen schälen und sehr fein hacken.

5. 1 EL Öl in einer Pfanne erhitzen und das Hack darin anbraten und würzen. Den Knoblauch dazugeben und kurz mitrösten. Beiseitestellen.

6. Die Butter in einem kleinen Topf schmelzen, Mehl unter Rühren hineinstreuen und anschwitzen. Mit der Milch ablöschen und Soße unter Rühren kurz aufkochen lassen, mit Salz und Pfeffer würzen.

7. Den Fenchel und das Hack in einer gefetteten Auflaufform vermischen und mit der Bechamelsoße übergießen. Den Käse reiben und darüberstreuen. Auflauf 10–15 Minuten im Ofen überbacken.

Dazu passen Kartoffeln, Quinoa oder Reis. Du kannst den Fenchel auch 5 Minuten dämpfen.

Wrap-Quiche

Nährwerte pro Portion: 482 kcal • 37 g KH • 31 g EW • 22 g F

ca. 55 Minuten
Für 4 Portionen

200 g Mangold oder Babyspinat
2 Karotten
2 Knoblauchzehen
150 g Feta oder Bergkäse
1 EL Olivenöl
250 g Quark (20 % Fett)
3 Eier
50 g Dinkelmehl
1 Prise Salz
1 Prise frisch gemahlener Pfeffer aus der Mühle
Öl für die Backform
3 Vollkornwraps

1. Backofen auf 180 °C Ober-/Unterhitze vorheizen.

2. Mangold waschen, gut abtropfen lassen und in feine Streifen schneiden. Karotten putzen, waschen und fein raspeln. Knoblauch schälen und hacken. Den Käse zerbröseln oder reiben.

3. Öl in einer Pfanne erhitzen, zuerst die Karotten darin 5 Minuten anbraten, dann den Mangold hinzufügen und weitere 5 Minuten braten. Zum Schluss den Knoblauch zugeben und kurz mitrösten. Pfanne vom Herd nehmen.

4. Quark, Eier und Dinkelmehl in einer Schüssel mit dem Schneebesen verrühren. Mit Salz und Pfeffer würzen. Mangoldmischung und Käse zugeben und alles gut vermischen.

5. Eine Quicheform (24 cm Durchmesser) einfetten und mit den Wraps auskleiden. Die Füllung hineingeben. Die Wraps sollten nicht über die Masse hinausragen. Quiche 35–40 Minuten im Ofen backen.

Dazu passt gut Salat.

Herzhafter Kürbiskuchen

Nährwerte pro Stück: 454 kcal • 39 g KH • 28 g EW • 20 g F

ca. 1 Stunde und 20 Minuten
Für 6 Stücke

700 g Butternutkürbis (geschält und entkernt)
200 g Bergkäse, Cheddar oder Gouda
2 Knoblauchzehen
4 Eier
175 g Räuchertofu
1 TL geräuchertes Paprikapulver
1 Prise Salz
1 EL Rapsöl
100 g gemahlene Haferflocken
150 g Dinkelmehl
1 Prise frisch geriebene Muskatnuss
1 Prise schwarzer Pfeffer aus der Mühle
1 Prise Weinsteinbackpulver
Öl für das Backblech

1. Backofen auf 180 °C Umluft vorheizen.

2. Den Kürbis waschen und in ca. 4 cm dicke Scheiben schneiden (so lässt er sich besser schälen). Die einzelnen Scheiben schälen und entkernen. Den Kürbis anschließend mit einer Küchenreibe fein raspeln oder mithilfe einer Küchenmaschine häckseln.

3. Den Käse ebenfalls raspeln. Den Kürbis und den Käse in einer größeren Schüssel vermischen.

4. Den Knoblauch abziehen und sehr fein hacken. Den Räuchertofu mit Küchenpapier trocken tupfen und in sehr dünne Scheiben schneiden oder raspeln. In einer Schüssel mit Paprikapulver, Salz und Öl vermischen. Den Tofu in einer Pfanne kross anbraten. Dann den Knoblauch hinzufügen und kurz mitrösten. Beides in die Schüssel mit dem Kürbis geben. Die restlichen Zutaten zufügen und alles vermischen.

5. Das Backblech mit Öl bestreichen und den Teig 3 cm hoch darauf verstreichen. 30–40 Minuten im Ofen backen. In 6 Stücke schneiden und servieren.

Der Kürbiskuchen schmeckt auch zimmerwarm gut und ist als Meal Prep geeignet.

Polentakuchen

Nährwerte pro Portion (2 Stück): 399 kcal • 35 g KH • 25 g EW • 16 g F

ca. 1 Stunde
Für 4 Portionen

500 ml Gemüsebrühe oder Wasser
150 g Polenta (Maisgrieß)
150 g Cheddar, Bergkäse oder Gouda
1 Ei
250 g Lauch
200 g Karotten
1 EL Öl zum Braten
250 g Quark (Magerquark oder 20 % Fett)
1 Prise Salz
1 Prise frisch geriebene Muskatnuss

1. Gemüsebrühe in einem Topf zum Kochen bringen. Maisgrieß hinzufügen und unter Rühren aufkochen lassen. Herdplatte ausschalten und Polenta bei geschlossenem Deckel 15 Minuten quellen lassen.

2. Den Käse reiben und 100 g davon mit dem Ei unter den Grießbrei rühren.

3. Lauch putzen, waschen und in feine Ringe schneiden. Die Karotten putzen, waschen und raspeln. Öl in einer Pfanne erhitzen, Lauch und Karotten darin 15 Minuten dünsten.

4. Die Pfanne von der Herdplatte nehmen und den Quark, das Salz und die frisch geriebene Muskatnuss hinzufügen und alles gut vermischen.

5. Ein Backblech mit Backpapier auslegen und den Grießbrei darauf 3 cm hoch verstreichen. Die Quarkmischung darauf verteilen und mit dem restlichen Käse bestreuen. Im nicht (!) vorgeheizten Ofen bei 200 °C Ober-/Unterhitze 30 Minuten backen.

6. Herausholen und in 8 Stücke schneiden.

Der Kuchen schmeckt auch zimmerwarm und ist als Meal Prep geeignet.

Gemüsefrittata

Nährwerte pro Portion: 406 kcal • 39 g KH • 22 g EW • 17 g F

ca. 50 Minuten
Für 4 Portionen

200 g Hirse oder Quinoa
1 Paprikaschote (ca. 220 g)
4 Frühlingszwiebeln
200 g Tomaten
2 Knoblauchzehen
2 EL Öl zum Braten
6 Eier
100 ml Milch
1 Prise Salz
1 Prise frisch geriebene Muskatnuss
50 g Cheddar

1. Hirse oder Quinoa in einem Topf mit Wasser nach Packungsanweisung weich kochen.

2. Backofen auf 200 °C Ober-/Unterhitze vorheizen.

3. Paprika putzen, waschen und in kleine Stücke schneiden. Frühlingszwiebeln putzen, waschen und in feine Ringe schneiden. Tomaten waschen und klein würfeln. Knoblauchzehen abziehen und sehr fein hacken.

4. Öl in einer ofenfesten Pfanne erhitzen und das Gemüse darin kurz anschwitzen. Pfanne vom Herd nehmen.

5. Hirse, Eier, Milch und die Gewürze hinzufügen und alles gut verrühren. Den Cheddar reiben und die Frittata damit bestreuen. Im Backofen 20–25 Minuten backen.

Dazu passt gut ein Salat.
Die Frittata schmeckt auch zimmerwarm und ist als Meal Prep geeignet.

Ofengemüse mit Butter-Buchweizen

Nährwerte pro Portion: 611 kcal • 77 g KH • 26 g EW • 19 g F

ca. 1 Stunde
Für 4 Portionen

FÜR DAS GEMÜSE MIT BUCHWEIZEN:

1 Aubergine (400 g) oder Zucchini
4 große Tomaten (500 g)
400 g Karotten
2 EL Olivenöl
1 TL Salz, 1 Prise frisch gemahlener Pfeffer aus der Mühle
300 g Buchweizen oder Couscous, Bulgur, Quinoa
25 g Butter
240 g Kidneybohnen oder Cannellinibohnen aus der Dose
180 g Feta
4 Frühlingszwiebeln
6 Stängel Petersilie

FÜR DEN DIP:

250 g Quark (20 % Fett)
100 g Joghurt (1,5 % Fett)
1 TL Salz, 1 Prise frisch gemahlener Pfeffer aus der Mühle
3–4 Knoblauchzehen
1 Handvoll frisch gehackte Kräuter, z. B. Petersilie

1. Backofen auf 180 °C Ober-/Unterhitze vorheizen.

2. Die Aubergine waschen, den Stielansatz entfernen. Die Tomaten waschen und die Stielansätze entfernen. Die Karotten putzen und schälen. Alles in mundgerechte Stücke schneiden und in eine Schüssel geben. Öl, Salz und Pfeffer hinzufügen und gut vermischen.

3. Backpapier auf ein Backblech legen und das Gemüse darauf verteilen. Im vorgeheizten Backofen 30 Minuten backen.

4. Währenddessen Buchweizen in ein Sieb geben, spülen und in einem Topf mit 600 ml gesalzenem Wasser nach Packungsangabe weich garen. Die Butter hinzufügen und verrühren. Den gekochten Buchweizen warm stellen.

5. Für den Dip Quark, Joghurt, Salz und Pfeffer in einer Schüssel verrühren. Knoblauch abziehen, hacken und mit den Kräutern unterheben.

6. Bohnen in ein Sieb abgießen und abtropfen lassen. Feta zerbröseln. Frühlingszwiebeln putzen, waschen und in Ringe schneiden. Petersilie waschen, trocken schütteln und hacken. Den Buchweizen auf Tellern anrichten, das Ofengemüse darauf verteilen. Dann Bohnen und Feta und den Dip dazu servieren.

Gebackener Rotkohl mit Perlcouscous

Nährwerte pro Portion: 355 kcal • 32 g KH • 12 EW • 18 g F

ca. 55 Minuten
Für 4 Portionen

400 g Rotkohl
400 g Karotten oder anderes Gemüse
2 EL Olivenöl
4 Knoblauchzehen
200 ml Wasser
300 g Perlcouscous
Saft 1 Orange
2 EL Balsamicoessig
1 Prise Salz
1 Prise frisch gemahlener Pfeffer aus der Mühle
1 Handvoll frische Petersilie
180 g Schafskäse

1. Den Backofen auf 200 °C Ober-/Unterhitze vorheizen.

2. Den Rotkohl putzen, waschen und in grobe Stücke schneiden. Die Karotten putzen, waschen und in dicke Stücke schneiden. Den Knoblauch schälen. Rotkohl, Karotten und Knoblauch auf einem Blech verteilen und mit Olivenöl bepinseln. Das Wasser in die Form gießen und das Gemüse 30–35 Minuten im Ofen backen.

3. In der Zwischenzeit den Perlcouscous in einem Topf mit Wasser nach Packungsanweisung gar kochen.

4. Aus Orangensaft, Essig, Salz und Pfeffer in einer Schüssel ein Dressing rühren.

5. Petersilie waschen, trocken schütteln und hacken. Schafskäse zerkrümeln. Den Knoblauch mit einer Gabel zerdrücken und unter den Perlcouscous mischen.

6. Den Rotkohl, die Karotten und den Perlcouscous auf Tellern anrichten. Schafskäse darüberstreuen, das Dressing darüberträufeln und mit Petersilie garnieren.

Als zusätzliche Eiweißquelle passen Kichererbsen, Linsen oder Bohnen dazu.

Ofen-Rotkohl mit Quark

Nährwerte pro Portion: 329 kcal • 39 g KH • 16 g EW • 10 g F

ca. 1 Stunde
Für 4 Portionen

400 g Rotkohl
600 g Kartoffeln
2 Knoblauchzehen
2 EL Olivenöl
Salz, frisch gemahlener Pfeffer aus der Mühle
2 Stängel Petersilie
180 g Schafskäse
250 g Quark (20 % Fett)

1. Den Backofen auf 200 °C Ober-/Unterhitze vorheizen.

2. Den Rotkohl waschen, putzen und in grobe Stücke schneiden. Kartoffeln schälen, waschen und in Spalten schneiden. Knoblauchzehen abziehen. Den Rotkohl, den Knoblauch und die Kartoffeln auf einem Backblech verteilen, mit Öl bepinseln und mit Salz und Pfeffer bestreuen. 35–40 Minuten im Ofen backen.

3. Währenddessen Petersilie waschen, trocken schütteln und hacken. Schafskäse zerbröseln.

4. Quark in einer Schüssel mit Salz und Pfeffer vermischen. Rotkohl, Kartoffeln und Schafskäse auf Tellern anrichten und mit Petersilie bestreuen. Quark dazu servieren.

Dieses Rezept entstand, da noch Rotkohl vom Rezept von Seite 82 übrig geblieben ist. Du kannst stattdessen auch Weißkohl oder Wirsingkohl verwenden.

Geröstete Kichererbsen mit Reis und Paprika

Nährwerte pro Portion: 367 kcal • 53 g KH • 16 g EW • 6 g F

ca. 50 Minuten
Für 4 Portionen

400 g Kichererbsen aus der Dose
2 Zucchini (ca. 250 g)
4 Paprikaschoten (ca. 800 g)
2 Knoblauchzehen
1 Zwiebel
1 Prise Salz
1 Prise frisch gemahlener Pfeffer aus der Mühle
2 EL Olivenöl
300 g Basmatireis
80 ml Hafersahne

1. Den Backofen auf 190 °C Ober-/Unterhitze vorheizen.

2. Die Kichererbsen in ein Sieb abgießen, gut abtropfen lassen und mit einem Küchenpapier trocken tupfen. 1 Handvoll Kichererbsen zum Garnieren beiseitelegen.

3. Die Zucchini putzen, waschen und grob in Stücke zerteilen. Die Paprikaschoten waschen, putzen und ebenfalls in Stücke schneiden. Knoblauchzehen abziehen. Die Zwiebel abziehen und vierteln. Die vorbereiteten Zutaten auf einem Backblech verteilen, mit Salz und Pfeffer würzen, mit Öl bepinseln und 30 Minuten im Ofen backen.

4. Währenddessen Basmatireis in einem Topf mit Wasser nach Packungsanweisung gar kochen.

5. Gemüse und Kichererbsen aus dem Ofen und Hafersahne in einer Schüssel mit dem Stabmixer pürieren.

6. Reis auf Tellern anrichten, das Püree darauf verteilen und mit den beiseitegelegten Kichererbsen garnieren.

Frittierter Käse mit Kartoffelwedges und Tartarsoße

Nährwerte pro Portion: 1111 kcal • 103 g KH • 39 g EW • 58 g F

ca. 1 Stunde
Für 4 Portionen

FÜR DIE KARTOFFELWEDGES:
800 g Kartoffeln
2 EL Öl zum Braten
1 TL edelsüßes Paprikapulver
1 TL Salz, 1 Prise frisch gemahlener Pfeffer

FÜR DEN FRITTIERTEN KÄSE:
150 g Dinkelmehl
2 Eier
1 Prise Salz
1 Prise frisch gemahlener Pfeffer
200–250 g Paniermehl
400 g Käse am Stück (Edamer oder Gouda)
50 ml Öl zum Frittieren

1. Backofen auf 190 °C Ober-/Unterhitze vorheizen.

2. Für die Wedges die Kartoffeln schälen, waschen und in Spalten schneiden. Mit einem Küchentuch gut abtrocknen. In einer Schüssel mit Öl, Paprikapulver, Salz und Pfeffer vermischen. Kartoffeln auf einem mit Backpapier ausgelegten Backblech verteilen und 35–40 Minuten im Ofen backen.

3. Währenddessen den Käse zubereiten. Mehl in einen tiefen Teller füllen. Die Eier in einem zweiten tiefen Teller mit dem Schneebesen verquirlen und mit Salz und Pfeffer würzen. Paniermehl in einen dritten tiefen Teller geben.

4. Den Käse in 8 Dreiecke schneiden. Zuerst im Mehl, dann im Ei und anschließend im Paniermehl wenden. Panierten Käse 30 Minuten in den Gefrierschrank legen. Öl in der Pfanne erhitzen und den Käse darin 3 Minuten je Seite goldgelb braten.

5. Für die Tartarsoße Eier, Zitronensaft, Senf, Zucker, Salz und Pfeffer in einen hohen Behälter geben und mit dem Stabmixer verquirlen. Das Öl tröpfchenweise hineingießen und währenddessen den Stabmixer auf dem Boden lassen, dann langsam hoch und runter bewegen, bis sich alles schön gebunden hat.

▶

FÜR DIE TARTARSOẞE:

2 Eier
1–2 EL Zitronensaft
1 TL süßer Senf
1 TL Zucker
1 Prise Salz
1 Prise frisch gemahlener Pfeffer
200 ml Rapsöl
70 g Zwiebel
70 g Gewürzgurke

6. Die Zwiebel abziehen und grob zerschneiden. Die Gurke ebenfalls grob zerteilen. Beides zur Mayonnaise geben und noch mal alles pürieren.

7. Die Kartoffeln, den Käse mit der Tartarsoße auf Tellern anrichten.

Wenn es mal schnell gehen muss, statt der Kartoffelwedges fertige Pommes backen und anstelle der Tartarsoße Mayonnaise kaufen. Falls Mayonnaise überbleibt, maximal 2 Tage im Kühlschrank aufbewahren. Dieses Gericht ist in der Slowakei sehr beliebt und ist bis heute eines meiner Lieblingsessen. Es ist sehr reichhaltig, aber hin und wieder ist es in Ordnung. Balance ist mein Motto.

Wirsinglasagne alla polnische Golabki (polnische Kohlrouladen)

Nährwerte pro Portion: 310 kcal • 23 g KH • 26 g EW • 10 g F

ca. 1 Stunde
Für 4 Portionen

75 g Basmatireis
200 g Wirsing
1 kleine Stange Lauch
2 Karotten
2 Knoblauchzehen
2 EL Öl zum Braten und für die Form
1 Lorbeerblatt
4 Pimentkörner
1 Prise Salz
1 Prise frisch gemahlener Pfeffer aus der Mühle
1 l passierte Tomaten aus der Dose
100 g Sahne
2 EL TK-Dill
300 g Veggie-Hack

1. Den Reis in ein Sieb geben, spülen und in einem Topf mit kochendem Wasser nach Packungsanweisung weich kochen. Dann durch ein Sieb abgießen.

2. In der Zwischenzeit den Wirsing putzen, den Stielansatz entfernen, ca. 12 Blätter abschneiden und waschen. Blätter in einem Topf mit Salzwasser in 5–7 Minuten bissfest kochen, dann herausnehmen und beiseitelegen.

3. Den Lauch putzen, waschen und in Ringe schneiden. Die Karotten putzen, waschen, schälen (bei bio nicht nötig) und raspeln. Die Knoblauchzehen abziehen und sehr fein hacken.

4. Backofen auf 180 °C Ober-/Unterhitze vorheizen.

5. Etwas Öl in einer Pfanne erhitzen und die Karotten und den Lauch darin anbraten. Den Knoblauch hinzufügen und kurz mitrösten. Die Pimentkörner und das Lorbeerblatt in ein Tee-Ei füllen und dazugeben.
Mit den passierten Tomaten und der Sahne ablöschen und 10 Minuten köcheln lassen. Dann den Dill in die Soße rühren. Tee-Ei entfernen.

6. Erneut etwas Öl in der Pfanne erhitzen und das Veggie-Hack darin anbraten.

7. Eine Auflaufform mit dem restlichen Öl bepinseln und den Boden mit Wirsingblättern belegen. Abwechselnd Hack, Reis, restliche Wirsingblätter und Soße einschichten. Die letzte Schicht besteht aus Soße. Auflauf im Ofen 45–60 Minuten backen. Die ersten 30 Minuten Auflauf mit Alufolie abdecken.

Das Rezept, das ursprünglich für Rouladen ist, stammt von meiner Schwägerin Gosia, die die beste Soße mit viel Dill macht. Der Rest des Wirsings kann roh eingefroren werden.

Salate und Suppen

Eiersalat

Nährwerte pro Portion: 300 kcal • 7 g KH • 28 g EW • 18 g F

ca. 25 Minuten
Für 4 Portionen

FÜR DEN SALAT:
10 Eier
2 Frühlingszwiebeln

FÜR DAS DRESSING:
½ kleine Zwiebel
1 Essiggurke
300 g Hüttenkäse
1 TL süßer Senf
4 EL Gurkenwasser
1 Prise Zucker
1 Prise Salz

1. Die Eier in einem Topf mit Wasser hart kochen.

2. Frühlingszwiebeln putzen, waschen und in dünne Ringe schneiden.

3. Für das Dressing die Zwiebel schälen und grob würfeln. Die Essiggurke ebenfalls in grobe Stücke schneiden. Beides in einer Schüssel mit dem Hüttenkäse, Senf, Gurkenwasser, Zucker und Salz mischen und mit dem Stabmixer pürieren.

4. Die Eier schälen, klein schneiden und auf Tellern anrichten. Die Frühlingszwiebelringe darauf verteilen und alles mit Dressing beträufeln.

Wenn die Eier sehr fein gehackt werden, kann man diesen Salat als Dip verwenden.

Salatbowl mit Rote Bete, Linsen und Honigjoghurt

Nährwerte pro Portion: 421 kcal • 52 g KH • 21 g EW • 12 g F

ca. 1 Stunde und 10 Minuten
Für 4 Portionen

FÜR DEN SALAT:

500 g Rote Bete
500 g Kartoffeln
2 Knoblauchzehen
2 EL Olivenöl
1 Prise Salz
1 Prise frisch gemahlener Pfeffer aus der Mühle
1 Romanasalat (ca. 150 g)
240 g braune Linsen aus der Dose
180 g Feta

FÜR DAS DRESSING:

250 g Joghurt
1 EL Honig
1 Prise Salz
1 Prise frisch gemahlener Pfeffer aus der Mühle
1 EL Kräuteressig
1 TL süßer Senf

1. Den Backofen auf 180 °C Ober-/Unterhitze vorheizen.

2. Die Rote Bete waschen, schälen und in kleine Stücke schneiden. Dabei am besten Einmalhandschuhe anziehen, da die Beten stark färben.

3. Die Kartoffeln schälen, waschen und ebenfalls in kleine Stücke schneiden. Knoblauch schälen und sehr fein hacken.

4. Das Olivenöl in einer großen Schüssel mit Knoblauch, Salz und Pfeffer vermischen. Die Rote Bete und die Kartoffeln zufügen und gut mit dem Öl überziehen. Gemüse auf einem Backblech verteilen und 35–45 Minuten im Ofen backen.

5. Den Romanasalat putzen, waschen und in kleine Stücke schneiden. Die Linsen in ein Sieb abgießen und abtropfen lassen. Den Feta in kleine Würfel schneiden.

6. Die Zutaten für das Dressing in einer Schüssel verrühren.

7. Rote Bete, Kartoffeln, Romanasalat, Linsen und Feta in Schüsseln anrichten und mit dem Dressing übergießen.

Slowakischer Kartoffelsalat

Nährwerte pro Portion: 405 kcal • 35 g KH • 6 g EW • 26 g F

ca. 1 Stunde und 10 Minuten
Für 4 Portionen

800 g Kartoffeln
200 g Karotten
1 rote Zwiebel
80 g Gewürzgurken
250 g Knoblauchmayonnaise (siehe Seite 39)
100 g Joghurt (10 % Fett)
1 TL süßer Senf
1 Prise Salz
1 Prise frisch gemahlener Pfeffer aus der Mühle
ca. 100 ml Gurkenwasser

1. Kartoffeln waschen. Karotten putzen, schälen und mit den Kartoffeln in ca. 30 Minuten in einem Topf mit Salzwasser weich kochen. Gemüse aus dem Topf nehmen und auskühlen lassen. Kartoffeln schälen und wie die Karotten in Scheiben schneiden.

2. Die Zwiebel abziehen und sehr fein würfeln. Die Gewürzgurken klein schneiden.

3. Beides mit Mayonnaise, Joghurt, Senf, Salz, Pfeffer und Gurkenwasser in eine Schüssel geben und verrühren. Karotten und Kartoffeln unterheben und Salat mindestens 2 Stunden kühl stellen.

Dieser Salat darf bei keiner Feier in der Slowakei fehlen. Je nach Geschmack kommen noch Erbsen und Eier dazu. Du kannst die Kartoffeln und die Karotten auch vitaminschonend dämpfen.

Sommersalat mit Reis, gegrilltem Halloumi und Honigmelone

Nährwerte pro Portion: 383 kcal • 29 KH • 17 g EW • 22 g F

ca. 50 Minuten
Für 4 Portionen

FÜR DEN SALAT:

75 g Basmatireis
250 g Halloumi
1–2 EL Olivenöl
400 g Honigmelone (geschält und entkernt)
½ Salatgurke
10 Minzblätter

FÜR DAS DRESSING:

1 EL Olivenöl
2 EL weißer Balsamicoessig
1 TL Honig
1 Prise Salz
1 Prise frisch gemahlener Pfeffer

1. Den Reis in einem Sieb waschen und nach Packungsanweisung in einem Topf mit Wasser weich kochen. Dann durch ein Sieb abgießen und etwas abkühlen lassen.

2. Den Halloumi in Würfel schneiden, auf Spieße stecken und in einer Pfanne mit etwas Öl in 5 Minuten rundum anbraten oder auf dem Grill von beiden Seiten grillen.

3. Die Honigmelone schälen, entkernen und in mundgerechte Stücke schneiden. Die Melonenwürfel ebenfalls auf Spieße stecken und in der Pfanne mit Öl oder auf dem Grill von allen Seiten braten.

4. Währenddessen die Zutaten für das Dressing in einer Schüssel verrühren.

5. Die Gurke schälen, putzen und in mundgerechte Stücke schneiden. Die Minze waschen und trocken schütteln.

6. Den Halloumi und die Honigmelone von den Spießen ziehen, mit dem Reis, der Gurke und dem Dressing in einer Schüssel vermischen. Mit Minzblättern garnieren.

Den Reis am besten schon am Vorabend kochen, dann sparst du dir am Tag selbst etwas Arbeit.

P

Rotkrautsalat mit Apfel

Nährwerte pro Portion: 388 kcal • 14 g KH • 2,3 g EW • 35 g F

ca. 40 Minuten
Für 6 Portionen

400 g Rotkohl
1 großer Apfel
1 Zwiebel
200 g Knoblauchmayonnaise (siehe Seite 39)
100 g Joghurt oder pflanzliche Alternative
1 TL Salz
½ TL frisch gemahlener Pfeffer aus der Mühle

1. Den Rotkohl waschen, putzen und in sehr feine Streifen schneiden oder mit der Küchenmaschine häckseln. Salz und Pfeffer mit den Händen einmassieren. Den Apfel waschen, schälen (bei Bio-Apfel nicht nötig), entkernen und in sehr kleine Stücke schneiden oder grob raspeln. Die Zwiebel schälen und sehr in feine Ringe schneiden.

2. Rotkohl, Apfel, Knoblauchmayonnaise und Joghurt in einer Schüssel vermischen und mindestens 1–2 Stunden ziehen lassen.

Am besten schmeckt der Salat, wenn er gut durchziehen konnte. Dieses Rezept entstand, da noch Rotkohl vom Rezept Seite von 82 übrig geblieben ist. Du kannst stattdessen Chinakohl oder Weißkohl verwenden.

Karamellisierter Rosenkohl mit Feigen

Nährwerte pro Portion: 301 kcal • 14 KH • 18 EW • 18 g F

ca. 40 Minuten
Für 4 Portionen

600 g Rosenkohl (frisch oder TK)
200 g frische Feigen oder Pfirsiche
1 EL Öl zum Braten
10 g Butter
1 TL Zucker
1 EL Sesam
200 g Ziegenkäse

1. Rosenkohl und Feigen putzen, waschen und halbieren (TK-Rosenkohl auftauen lassen und halbieren).

2. Öl und Butter in einer Pfanne erhitzen und den Rosenkohl darin 10–15 Minuten bei schwacher Hitze braten. Die Feigen hinzufügen und 1–2 Minuten mitbraten. Mit Zucker bestreuen und diesen kurz karamellisieren lassen.

3. Den Sesam in einer zweiten Pfanne ohne Öl 2 Minuten rösten. Den Ziegenkäse in Würfel schneiden.

4. Den Rosenkohl und die Feigen auf Tellern anrichten und mit dem Ziegenkäse und dem Sesam als Topping servieren.

Der Salat schmeckt auch mit gekochten Kartoffeln und gekochtem Spargel gut und man kann ihn kalt und warm genießen. Statt des Dressings kannst du die Knoblauchmayonnaise von Seite 39 verwenden.

Salat mit gebackenem Spargel

Nährwerte pro Portion: 584 kcal • 58 g KH • 32 g EW • 22 g F

ca. 30 Minuten
Für 4 Portionen

FÜR DEN SALAT:
800 g Kartoffeln
500 g grüner Spargel
Olivenöl
1 Prise Salz
1 Prise frisch gemahlener Pfeffer aus der Mühle
4 Eier
240 g Riesenbohnen aus der Dose
400 g Romanasalat
180 g Feta (optional)
1 rote Paprikaschote (ca. 220 g)
1 Stängel Petersilie

FÜR DAS DRESSING:
400 g Joghurt (1,5 % Fett)
2 EL Honig
1 EL heller Balsamicoessig
1 Prise Salz
1 Prise frisch gemahlener Pfeffer aus der Mühle

1. Den Backofen auf 190 °C Ober-/Unterhitze vorheizen.

2. Kartoffeln gut waschen und vierteln. Spargel waschen, das untere Drittel schälen und die harten Enden abschneiden.

3. 2 EL Öl in einer Schüssel mit Salz und Pfeffer vermischen. Ein Backblech mit Öl bepinseln. Die Kartoffeln darauf verteilen, mit etwas Würzöl bestreichen und 30 Minuten im Ofen backen.

4. Den Spargel ebenfalls mit Öl bestreichen, auf das Backblech legen und weitere 15 Minuten backen. Gemüse danach aus dem Ofen nehmen, abkühlen lassen und Spargel in mundgerechte Stücke schneiden.

5. Die Eier in einem Topf mit Wasser in 10 Minuten hart kochen. Dann kurz auskühlen lassen, schälen und vierteln.

6. Die Bohnen abgießen, spülen und abtropfen lassen.

7. Den Strunk vom Salat entfernen. Die Blätter waschen, trocken schütteln und in dünne Streifen schneiden. Den Feta, sofern verwendet, klein würfeln. Die Paprikaschote putzen, waschen und klein schneiden. Die Petersilie wachen, trocken schütteln und hacken.

8. Die Zutaten für das Dressing in einer Schüssel verrühren.

9. Den Salat in eine Salatschüssel legen. Die Kartoffeln, den Spargel, evtl. den Feta, die Bohnen, die Paprika und die Eier darauf anrichten. Mit dem Dressing beträufeln und mit Petersilie bestreuen.

Blumenkohlsuppe

Nährwerte pro Portion: 269 kcal • 29 g KH • 6 g EW • 14 g F

ca. 45 Minuten
Für 6 Portionen

1 Blumenkohl (ca. 800 g)
4 Karotten (ca. 200 g)
400 g Kartoffeln
1 Zwiebel
2 Knoblauchzehen
2 EL Öl zum Braten
2 l Gemüsebrühe
1 TL Salz
½ TL frisch geriebene Muskatnuss
100 g Sahne
1 Handvoll gehackter Dill (frisch oder TK)
1 Handvoll gehackte Petersilie (frisch oder TK)

1. Blumenkohl putzen, waschen (Stiel und Blätter können mitverwendet werden) und in kleine Stücke schneiden. Karotten putzen, schälen (wenn bio, dann nur waschen) und ebenfalls klein schneiden. Kartoffeln schälen, waschen und in kleine Stücke schneiden.
Die Zwiebel abziehen und klein würfeln. Die Knoblauchzehen abziehen und fein hacken.

2. Öl und Butter in einem großen Topf erhitzen und die Zwiebel darin ca. 5 Minuten dünsten. Die Knoblauchzehen zugeben und kurz mitgaren. Die Kartoffeln hinzufügen und 5 Minuten braten. Dann Blumenkohl und die Karotten hinzufügen und mit der Gemüsebrühe ablöschen. Gewürze hinzufügen und Suppe so lange kochen lassen, bis das Gemüse weich ist (das dauert etwa 20–25 Minuten, je kleiner das Gemüse geschnitten ist, desto schneller geht das).

3. Zum Schluss die Sahne untermischen und Suppe kurz weiterköcheln lassen. Vor dem Servieren Dill und Petersilie unterheben.

Chlodnik (polnische Sommersuppe)

Nährwerte pro Portion: 269 kcal • 19 g KH • 15 EW • 13 g F

ca. 20 Minuten
Für 6 Portionen

4 Eier
6 Radieschen
2 Frühlingszwiebeln
100 g Salatgurke
500 g Rote Bete (gekocht und vakuumiert)
1 l Kefir oder Buttermilch
500 g Joghurt 3,8 % Fett
1 TL gehackter Dill (frisch oder TK)
1 TL gehackte Petersilie (frisch oder TK)
1 Prise Salz
1 Prise frisch gemahlener Pfeffer aus der Mühle
1–2 EL Essig
1 EL Zucker

1. Die Eier in einem Topf mit Wasser 10 Minuten kochen, dann auskühlen lassen und schälen.

2. Radieschen putzen, waschen und fein raspeln. Frühlingszwiebeln putzen, waschen und hacken. Gurke schälen, putzen und fein raspeln. Rote Bete ebenfalls fein raspeln.

3. Rote Bete, Radieschen, Frühlingszwiebeln, Gurke, Kefir, Joghurt, Dill, Petersilie, Salz, Pfeffer, Essig und Zucker in einem Topf gut vermischen.

4. Die Eier halbieren und zu der Suppe servieren.

Die Suppe wird nicht gekocht und stattdessen an heißen Tagen kalt serviert. Dieses Rezept ist von meiner Schwägerin Gosia. Wir essen diese Suppe im Sommer sehr häufig.

Slowakische Bohnensuppe

Nährwerte pro Portion: 349 kcal • 36 g KH • 20 g EW • 6,5 g F

ca. 45 Minuten
Für 4 Portionen

1 Zwiebel
2 Knoblauchzehen
200 g Kartoffeln
150 g Knollensellerie
150 g Karotten
150 g Wurzelpetersilie
2 EL Öl zum Braten
2 TL edelsüßes Paprikapulver
1 TL geräuchertes Paprikapulver
500–600 ml Gemüsebrühe
2 Lorbeerblätter
4 Pimentkörner
1 TL Salz
1 TL frisch gemahlener Pfeffer aus der Mühle
800 g weiße Bohnen aus der Dose

1. Zwiebel und Knoblauch schälen und sehr fein hacken. Die Kartoffeln, den Knollensellerie, die Karotten und die Wurzelpetersilie putzen, schälen und in kleine Stücke schneiden. (Je kleiner das Gemüse geschnitten wird, desto schneller wird es gar.)

2. Das Öl in einem großen Topf erhitzen und die Zwiebel darin anschwitzen. Den Knoblauch und beide Paprikapulver einrühren und kurz mitrösten. Kartoffeln, Karotten, Knollensellerie und Wurzelpetersilie dazugeben und 10 Minuten dünsten. Mit der Gemüsebrühe ablöschen. Lorbeerblätter und Pimentkörner in ein Tee-Ei füllen und mit Salz und Pfeffer in den Topf geben. Suppe 20–25 Minuten köcheln lassen.

3. Die Bohnen in ein Sieb abgießen und abtropfen lassen. In den Topf geben und 5 Minuten mitköcheln lassen.

4. Einen kleinen Teil der Suppe in eine Schüssel schöpfen, mit dem Stabmixer ein paar Sekunden pürieren und wieder mit der restlichen Suppe vermengen. So wird die Suppe auch ohne Mehl sämig. Tee-Ei vor dem Servieren entfernen.

Das ist eine typisch slowakische Suppe, die normalerweise mit Fleisch gekocht wird, aber auch ohne sehr gut schmeckt. Wir essen sie manchmal mit selbst gemachten Nudeln.

Vorspeisen, Beilagen und Fingerfood

Champignon-Frikadellen

Nährwerte pro Stück: 99 kcal • 16 g KH • 6 g EW • 0,5 g F

ca. 50 Minuten
Für 12 Stück

400 g Champignons
250 g weiße Bohnen aus der Dose
1 Zwiebel
4 Knoblauchzehen
150 g Dinkelmehl
1 TL Salz
½ TL frisch gemahlener Pfeffer aus der Mühle
1 TL getrockneter Majoran
1 TL Paprikapulver edelsüß
70 g Vollkornpaniermehl
Öl zum Braten

1. Die Champignons putzen und grob raspeln oder häckseln. Öl in der Pfanne erhitzen und die Champignons darin 5 Minuten braten. Die Bohnen in ein Sieb abgießen und abtropfen lassen. Zwiebel abziehen und in kleine Würfel schneiden. Knoblauchzehen abziehen und fein hacken.

2. Alle Zutaten (außer dem Paniermehl und dem Öl) in einer Schüssel pürieren und 12 Frikadellen daraus formen.

3. Paniermehl auf einen Teller geben und die Frikadellen darin wenden.

4. Portionsweise Öl in einer Pfanne erhitzen und die Frikadellen darin jeweils in 3–4 Minuten pro Seite knusprig braten.

Dazu passt gut ein Salat.

Eingelegter Camembert

Nährwerte pro Portion: 345 kcal • 2,65 g KH • 11,6 g EW • 34 g F

ca. 15 Minuten
Für 4 Portionen

250 g Camembert
2 Knoblauchzehen
1 TL Paprikapulver edelsüß
2 Lorbeerblätter
3–4 Pimentkörner
ca. 50 ml Rapsöl

1. Camembert in mundgerechte Stücke schneiden. Knoblauch schälen und grob hacken.

2. Käse und Knoblauch in ein Einmachglas füllen. Mit Paprikapulver bestreuen, Lorbeerblätter und Pimentkörner dazugeben. Mit dem Öl übergießen und Glas verschließen. Mindestens 2 Tage im Kühlschrank ziehen lassen.

Dieses Rezept ist typisch slowakisch. Zum Käse passt frisches Gemüse wie Tomaten, Paprika und Salatgurken. Dazu frisches Brot.

Frischkäse-Tomaten-Dip

Nährwerte insgesamt: 474 kcal • 26 g KH • 34 g EW • 25 g F

ca. 10 Minuten
Für 320 g

60 g in Öl eingelegte Tomaten
2 Knoblauchzehen
150 g Quark
100 g Frischkäse
½ TL Salz
½ TL frisch gemahlener Pfeffer aus der Mühle

1. Tomaten in einem Sieb abtropfen lassen. Knoblauchzehen schälen und grob zerteilen.

2. Alle Zutaten in eine Schüssel geben und mit dem Stabmixer pürieren.

Der Dip kann auch als Soße verwendet (mit etwas Pastawasser verdünnt) oder als Aufstrich gegessen werden, siehe Pizzatoasties von Seite 136.

Frittierte Champignons mit Pesto

Nährwerte pro Stück: 245 kcal • 29 g KH • 10 g EW • 9 g F

ca. 45 Minuten
Für 10 Stück

10 große Champignons
150 g Pesto (siehe Seite 31 oder 40)
2–3 Eier
1 Prise Salz
1 Prise frisch gemahlener Pfeffer aus der Mühle
150 g Mehl
150–250 g Vollkornsemmelbrösel
Öl zum Frittieren

1. Champignons putzen, den Stiel entfernen und die Köpfe mit dem Pesto füllen.

2. Eier in einem tiefen Teller aufschlagen und mit Salz und Pfeffer würzen.

3. Mehl in einen zweiten tiefen Teller füllen, Semmelbrösel in einen dritten tiefen Teller.

4. Die Champignons erst im Mehl, dann in den Eiern und zum Schluss in den Semmelbröseln wenden.

5. Öl in einer Pfanne erhitzen (es muss sehr heiß sein) und die Champignons darin frittieren. Auf einem Küchenpapier abtropfen lassen.

Dazu passt gut Kartoffelsalat (siehe Seite 101).
Alternativ kann man die Champignons auch in einer Heißluftfritteuse backen: dazu mit Öl bepinseln und unter einmaligem Wenden bei 180 °C ca. 10–15 Minuten frittieren.

Gegrillte Paprikaschoten mit Hüttenkäse

Nährwerte pro Stück: 97 kcal • 10 g KH • 7 g EW • 2 g F

ca. 35 Minuten
Für 8 Stück

4 Paprikaschoten
1 Knoblauchzehe
1 TL Olivenöl
100 g Kidneybohnen aus der Dose
2 Radieschen
1 Frühlingszwiebel
100 g Salatgurke
4 Datteltomaten
200 g Hüttenkäse
50 g Quark (20 % Fett)
1 Prise Salz
1 Prise frisch gemahlener Pfeffer
½ TL Paprikapulver edelsüß

1. Den Backofen auf 180 °C Ober-/Unterhitze vorheizen.

2. Die Paprikaschoten waschen, putzen und halbieren.

3. Knoblauch schälen und sehr fein hacken. In einer Schüssel mit dem Olivenöl vermischen und die Paprikaschoten damit rundum bepinseln. Die Paprikaschoten auf ein Backblech legen und 20 Minuten im Ofen backen. Herausnehmen und abkühlen lassen.

4. Die Bohnen in ein Sieb abgießen und abtropfen lassen.

5. Radieschen, Frühlingszwiebel, Gurke und Tomaten waschen, putzen und in sehr kleine Stückchen schneiden oder häckseln. Mit dem Hüttenkäse, dem Quark und den Bohnen in einer Schüssel vermischen. Mit Salz, Pfeffer und Paprikapulver würzen.

6. Die Paprikaschoten mit dem Salat füllen und servieren.

Die restlichen Kidneybohnen aus der Dose kannst du zusammen mit dem Bohnenwasser einfrieren. Zu der Hüttenkäsefüllung hat mich meine Freundin Milla inspiriert und die Mischung schmeckt auch sehr gut als Salat ohne die gegrillten Paprikaschoten.

Hirse-Pattys

Nährwerte pro Stück: 115 kcal • 15 g KH • 5 g EW • 3,5 F

ca. 1 Stunde
Für 16 Stück

250 g Hirse
200 g Brokkoli (frisch oder TK)
150 g Gouda
2 Knoblauchzehen
2 Eier oder 1 EL gemahlene Leinsamen und 2 EL Wasser
75 g Dinkelmehl
20 g Tomatenmark
1 Prise Salz
1 Prise frisch gemahlener Pfeffer aus der Mühle
Öl zum Braten

1. Hirse mit der doppelten Menge Wasser in einen Topf geben und 20–25 Minuten kochen. Wenn sie weich ist, Topf vom Herd nehmen und Hirse abkühlen lassen.

2. Brokkoli putzen, waschen (oder auftauen) und in kleine Stücke schneiden (Stiel mitverwenden). Käse raspeln. Knoblauchzehen schälen und fein hacken.

3. Alle Zutaten außer dem Öl in einer Schüssel vermischen und 16 Pattys daraus formen. Wenn Leinsamen statt Ei verwendet werden, die Masse 10 Minuten quellen lassen.

4. Öl portionsweise in einer Pfanne erhitzen und die Pattys darin jeweils in ca. 10 Minuten von beiden Seiten braun braten.

Zu den Hirse-Pattys passt gut Salat (siehe ab Seite 95). Die Pattys schmecken auch bei Zimmertemperatur und sind als Meal Prep geeignet.

Leco

Nährwerte pro Portion: 205 kcal • 11 g KH • 10 g EW • 12 g F

ca. 30 Minuten
Für 4 Portionen

1 Zwiebel
4 große Tomaten (ca. 400 g)
4 grüne Spitzpaprikaschoten (ca. 400 g)
2 EL Öl zum Braten
4 Eier
½ TL Salz
1 Prise frisch gemahlener Pfeffer aus der Mühle

1. Die Zwiebel abziehen und sehr fein würfeln. Die Tomaten waschen, den Stielansatz entfernen und das Fruchtfleisch klein schneiden. Die Spitzpaprikaschoten waschen, putzen und in kleine Stücke schneiden.

2. Öl in einer Pfanne erhitzen und die Zwiebel darin andünsten. Spitzpaprika und Tomaten hinzufügen und ca. 25 Minuten garen.

3. Zum Schluss die Eier in die Pfanne aufschlagen und weitere 3 Minuten braten, bis die Eier gestockt sind. Mit Salz und Pfeffer würzen.

Dazu passt frisches Brot, Reis oder Lokše (siehe Seite 132). Leco ist ein slawisches Rezept, das in der Slowakei sehr beliebt ist. Meine Mama hat es früher immer mit Paprika und Tomaten aus unserem Garten zubereitet. Es wird gerne auch mit Würstchen gegessen.

Lokše (slowakische Fladenbrote)

Nährwerte pro Stück: 246 kcal • 45,6 g KH • 6,5 g EW • 2,6 g F

ca. 1 Stunde
Für 6 Stück

1 kg mehlige Kartoffeln
300 g Mehl + mehr für die Arbeitsfläche
1 Prise Salz
2 Knoblauchzehen
20 g Butter

1. Kartoffeln schälen, waschen und klein schneiden. In einem Topf mit Wasser in ca. 15–20 Minuten weichkochen. Die Kartoffeln in ein Sieb abgießen und auskühlen lassen. Dann in eine Schüssel geben und mit dem Gemüsestampfer zerdrücken.

2. Mehl und Salz zugeben und alles zu einem Teig verkneten. Den Teig auf die bemehlte Arbeitsfläche geben, zu einer Rolle formen und dann in 6 Stücke schneiden. Die Teigstücke jeweils dünn zu einem Kreis ausrollen.

3. Die Lokše portionsweise in einer Pfanne ohne Öl von beiden Seiten ca. 2 Minuten bei niedriger Hitze backen.

4. Knoblauch schälen und fein hacken.

5. Fertige Lokše mit Butter bestreichen und den Knoblauch darauf verteilen.

Die Lokše passen gut zu Suppen oder Soßen wie der Champignon-Rahmsoße von Seite 55, können aber auch als Wraps verwendet werden. Bei einem süßen Aufstrich einfach den Knoblauch weglassen. Dies ist ein uraltes slowakisches Rezept. Die Lokše wurden früher auf der Platte eines Holzofens gebacken. Du kannst die Kartoffeln auch 20 Minuten dämpfen.

Zapiekanki (polnisches Streetfood)

Nährwerte pro Stück: 814 kcal • 53 g KH • 47 g EW • 45 g F

ca. 50 Minuten
Für 2 Stück

400 g Champignons
1 Zwiebel
1 EL Öl zum Braten
20 g Butter
200 g Edamer
2 Baguettes

1. Den Backofen auf 200 °C Ober-/Unterhitze vorheizen.

2. Champignons putzen und grob raspeln. Die Zwiebel abziehen und in dünne Ringe schneiden.

3. Das Öl und die Butter in einer Pfanne erhitzen. Die Zwiebel darin glasig dünsten, dann die Champignons zugeben und garen, bis das austretende Wasser ganz verdunstet ist.

4. Den Käse reiben und unter die Champignons mischen.

5. Die Baguettes horizontal durchschneiden. Das Innere mit den Fingern bis etwa zur Hälfte herauszupfen, klein schneiden und mit der Champignonmasse vermischen.

6. Die Baguettes auf ein mit Backpapier ausgelegtes Backblech setzen, mit der Masse füllen und 15 Minuten im Ofen backen.

Zapiekanki ist DAS polnische Streetfood-Essen und wird gerne mit Krautsalat genossen.

Pizzatoasties mit Pesto

Nährwerte pro Stück: 202 kcal • 13 g KH • 8 g EW • 13 g F

ca. 20 Minuten
Für 4 Stück

1 Tomate (ca. 120 g)
80 g Gouda
4 Dinkeltoasties
120 g Pesto (siehe Seite 31 oder Seite 40)

1. Den Backofen auf 180 °C Ober-/Unterhitze vorheizen.

2. Die Tomate waschen und in 8 Scheiben schneiden. Den Käse reiben.

3. Die Toasties mit dem Pesto bestreichen, jeweils mit 2 Tomatenscheiben belegen und mit Käse bestreuen.

4. Toasties auf ein mit Backpapier belegtes Backblech setzen und 10–12 Minuten im Ofen überbacken.

Die Toasties kann man auch mit Frischkäse-Tomaten-Dip bestreichen (siehe Seite 123).

Gemüse-Muffins

Nährwerte pro Stück: 67 kcal • 6,5 g KH • 4,7 g EW • 2 g F

ca. 45 Minuten
Für 12 Stück

600 g TK-Kaisergemüse
4 Frühlingszwiebeln
2 Knoblauchzehen
100 g Feta
3 Eier
100 g Dinkelmehl oder 90 g Mandelmehl
1 Msp. Weinsteinbackpulver
½ TL Zwiebelpulver
½ TL Paprikapulver edelsüß
1 TL Salz
½ TL frisch gemahlener Pfeffer aus der Mühle

1. Den Backofen auf 180 °C Ober-/Unterhitze vorheizen.

2. Das Gemüse auftauen lassen und in sehr feine Stücke schneiden. Die Frühlingszwiebeln putzen, waschen und in feine Ringe schneiden. Die Knoblauchzehen abziehen und sehr fein hacken. Feta zerbröseln.

3. Die Eier in einer Schüssel mit dem Schneebesen verquirlen. Feta, Knoblauch, Frühlingszwiebel, Gemüse, Mehl, Backpulver und Gewürze untermischen.

4. Teig in 12 Silikonförmchen füllen und Muffins 25–30 Minuten auf mittlerer Schiene im Ofen backen.

Die Muffins schmecken auch zimmerwarm sehr gut und eignen sich als Meal Prep.

Pizza-Muffins

Nährwerte pro Stück: 121 kcal • 12,9 g KH • 6,3 g EW • 4,5 g F

ca. 45 Minuten
Für 12 Stück

250 g Tomaten
2 Knoblauchzehen
150 g Mozzarella
3 Eier
200 g Dinkelmehl
5 g Weinsteinbackpulver
1 Prise Salz
½ TL getrockneter Oregano
1 Prise frisch gemahlener Pfeffer aus der Mühle

1. Den Backofen auf 180 °C Ober-/Unterhitze vorheizen.

2. Die Tomaten waschen, den Stielansatz entfernen und das Fruchtfleisch in kleine Stücke schneiden. Knoblauchzehen schälen und sehr fein hacken. Mozzarella abtropfen lassen und raspeln.

3. Die Eier in einer Schüssel mit dem Schneebesen verquirlen. Die restlichen Zutaten zugeben und alles gut vermischen.

4. Teig in 12 Silikonförmchen füllen und Muffins 25–30 Minuten im Ofen backen.

Desserts und Gebäck

Karamell-Bananen-Dessert

Nährwerte pro Portion: 263 kcal • 45 g KH • 13 g EW • 3,2 g F

ca. 20 Minuten
Für 8 Portionen

1 Dose gezuckerte Kondensmilch (200 g)
500 g Magerquark
22 Löffelbiskuits
50–60 ml starker Kaffee oder Kakao
3 nicht zu reife Bananen
30 g Zartbitterschokolade

1. Die Dose Kondensmilch verschlossen in einen Topf stellen und so viel Wasser zugießen, dass es bis zur Mitte der Dose reicht. Das Wasser aufkochen, dann Kondensmilch bei schwacher Hitze und mit aufgelegtem Deckel 3 Stunden köcheln lassen. So karamellisiert die Milch. Dose aus dem Topf nehmen und abkühlen lassen

2. Das Karamell aus der Dose in eine Schüssel geben und mit Magerquark vermischen (wem es zu süß ist, einfach mehr Magerquark hinzufügen).

3. Die Löffelbiskuits in eine Auflaufform oder portionsweise in Dessertgläser legen und mit dem Kaffee beträufeln (für Kinder Kakao verwenden).

4. Bananen schälen und in dünne Scheiben schneiden. Die Bananen auf den Löffelbiskuits verteilen und mit der Karamellmasse bedecken.

5. Die Schokolade über das Karamell raspeln.

6. Nach Belieben vor dem Verzehr kühlen.

Quarkspeise mit Baiser und Erdbeeren (Miláčik)

Nährwerte pro Portion: 209 kcal • 22 g KH • 10 g EW • 8 g F

ca. 15 Minuten
Für 8 Portionen

200 g Sahne
1 Päckchen Sahnesteif
500 g Magerquark
Mark von ½ Vanilleschote
150 g Baiser (siehe Seite 149 oder Fertigprodukt)
500 g Erdbeeren (frisch oder TK)

1. Die Sahne mit dem Sahnesteif in eine Schüssel geben und mit dem Handrührgerät steif schlagen. Den Magerquark und das Vanillemark unterrühren.

2. Das Baiser grob zerbröseln und unter die Quarkmasse mischen.

3. Frische Erdbeeren waschen, trocken tupfen und entstielen. TK-Erdbeeren auftauen lassen.

4. Den Quark und die Erdbeeren in 8 Dessertgläschen schichten.

Das Rezept ist von meiner Mama. Ich habe es schon als Kind geliebt, habe es aber mit dem Baiser etwas abgewandelt.

Selbst gemachtes Baiser

Nährwerte pro Stück (mit Zucker berechnet, mit Erythrit haben die Baisers pro Stück nahezu 0 kcal): 20 kcal • 6,5 g KH • 0,06 g EW • 0 g F

ca. 15 Minuten
Für 40 Stück

120 ml Aquafaba (Kichererbsenwasser)
Saft einer ½ Zitrone
1 Prise Salz
1 Msp. Weinsteinbackpulver
2 TL Speisestärke
150–200 g Zucker, Erythrit oder Birkenzucker

1. Das Aquafaba in einer Schüssel mit dem Handrührgerät in ca. 5 Minuten steif schlagen. Dann den Zitronensaft, das Salz, das Backpulver und die Speisestärke einrieseln lassen, dabei weiterrühren. Den Zucker esslöffelweise hinzufügen und weitere 5 Minuten rühren.

2. Die Masse in einen Spritzbeutel mit Sterntülle füllen (Gefrierbeutel mit einem kleinen Loch geht auch) und auf 2 mit Backpapier ausgelegte Backbleche 40 Tupfen spritzen.

3. Den Backofen auf 60–70 °C Umluft vorheizen.

4. Beide Bleche in den Ofen schieben und das Baiser ca. 2 Stunden trocknen lassen.

Das Baiser ist am Anfang noch weich, trocknet aber schnell nach.

Softe Pfannkuchen

Nährwerte pro Stück: 299 kcal • 48 g KH • 10 g EW • 13 g F

ca. 40 Minuten
Für 7 Stück

2 Eier
300 ml Wasser mit Kohlensäure
200 ml Milch
300 g Dinkelmehl
1 Prise Weinsteinbackpulver
Öl zum Backen
2 Bananen
Schokoaufstrich aus Süßkartoffeln (siehe Seite 10) oder Nuss-Nougat-Creme

1. Eier in einer Schüssel mit dem Schneebesen verquirlen. Wasser und Milch unterrühren. Mehl und Backpulver zugeben und untermischen.

2. Eine Pfanne mit etwas Öl bepinseln und erhitzen. Die Hitze auf kleine Stufe reduzieren, ca. 1 Kelle Teig in die Pfanne gießen und durch Schwenken gut verteilen. Pfannkuchen 2–3 Minuten backen, dann wenden und in weiteren 2–3 Minuten fertig backen. Vorgang wiederholen, bis 7 Pfannkuchen fertig sind.

3. Die Bananen schälen und in Scheiben schneiden.

4. Die Pfannkuchen mit Schokoaufstrich oder Nuss-Nougat-Creme bestreichen und die Bananenscheiben darauf verteilen. Pfannkuchen dann einrollen oder zu Dreiecken falten.

Da der Teig für die Pfannkuchen keine Süße enthält, können sie auch herzhaft gefüllt werden.

Blätterteig-Muffins

Nährwerte pro Stück: 130 kcal • 15 g KH • 5 g EW • 6 g F

ca. 35 Minuten
Für 12 Stück

100 g Beeren (frisch oder TK)
1 Packung Blätterteig (275 g)
500 g Quark (20 % Fett)
1 Ei
40 g Speisestärke
Mark von ½ Vanilleschote
70 g Zucker
Puderzucker zum Bestreuen

1. Den Backofen auf 180 °C Ober-/Unterhitze vorheizen.

2. Frische Beeren waschen, trocken tupfen und evtl. entstielen oder kleiner schneiden. TK-Beeren auftauen lassen.

3. Den Blätterteig in 12 Stücke teilen und damit 12 Silikonförmchen auskleiden. Die Quadrate so zurechtzupfen, dass sie in die Förmchen passen.

4. Quark und Ei in einer Schüssel mit dem Schneebesen verrühren. Speisestärke, das Mark der Vanilleschote und den Zucker zugeben.

5. Quarkmasse in die Förmchen füllen und die Beeren darauf verteilen. Muffins 20 Minuten im Ofen backen.

6. Muffins im Ofen abkühlen lassen. Mit Puderzucker bestreut servieren.

Bublanina (typisch slowakischer Obstkuchen)

Nährwerte pro Stück: 260 kcal • 40 g KH • 6 g EW • 8 g F

ca. 20 Minuten
Für 12 Stücke

4 Eier (Zimmertemperatur)
150–200 g Zucker (nach Belieben)
200 ml Vollmilch (Zimmertemperatur)
100 ml neutrales Pflanzenöl
300 g + 1 EL Mehl
1 Päckchen Weinsteinbackpulver (17 g)
Öl für das Backblech
1 EL Paniermehl
500 g Kirschen

1. Den Backofen auf 160 °C Ober-/Unterhitze vorheizen.

2. Die Eier trennen. Die Eigelbe mit dem Zucker in einer Schüssel in 5 Minuten mit dem Handrührgerät schaumig schlagen. Milch und Öl hinzufügen. 300 g Mehl mit dem Backpulver untersieben und nach und nach vorsichtig unterheben.

3. Das Eiweiß in einer zweiten Schüssel steif schlagen und ebenfalls vorsichtig unterheben.

4. Ein Backblech (25 × 35 cm) mit Öl einpinseln und mit dem Paniermehl bestreuen, damit der Teig nicht haften bleibt. Den Teig auf dem Blech verteilen.

5. Die Kirschen waschen, entstielen, entkernen und in einem Sieb abtropfen lassen. Mit Küchenpapier abtupfen und in einer Schüssel mit dem restlichen Mehl überziehen (so sinken sie nicht in den Teig ein).

6. Ein feuerfestes Gefäß mit Wasser füllen und auf den Boden des Ofens stellen. Kirschen auf dem Teig verteilen und Kuchen 30 Minuten auf der mittleren Schiene auf 170 °C Ober-/Unterhitze backen.

Dieses Rezept ist von meiner Omi und erinnert mich an meine Kindheit.

Saftige Quarkschnitten

Nährwerte pro Stück: 259 kcal • 28 g KH • 17 g EW • 8,5 g F

ca. 10 Minuten
Für 8 Stück

750 g Quark (20 % Fett)
5 Eier
150 g Zucker oder 120 g Erythrit
40 g Speisestärke
Mark von ½ Vanilleschote
200 g Heidelbeeren

1. Den Backofen auf 160 °C Ober-/Unterhitze vorheizen.

2. Den Quark und die Eier in einer Schüssel mit dem Schneebesen verquirlen. Zucker, Speisestärke und Vanillemark zugeben und untermischen.

3. Eine Auflaufform (28 × 17 cm) mit Backpapier auslegen. Den Teig einfüllen.

4. Die Heidelbeeren waschen, trocken tupfen und auf dem Teig verteilen.

5. Kuchen 45–60 Minuten im Ofen backen (jeder Ofen backt anders, daher zwischendurch mal draufschauen). Die erste Hälfte der Backzeit den Kuchen mit Backpapier abdecken.

6. Kuchen dann im Ofen bei leicht geöffneter Tür auskühlen lassen. So fällt er nicht ein. Vor dem Verzehr mindestens 1 Stunde kühl stellen.

*Dieses Rezept ist von meinem guten Freund Tayfun und ist bei meinen Follower*innen sehr beliebt.*

Zucchini-Schoko-Kuchen

Nährwerte pro Stück (mit Zucker berechnet): 277 kcal • 44 g KH • 7 g EW • 6,5 g F

ca. 40 Minuten
Für 12 Stück

FÜR DAS TOPPING:
100 g Heidelbeeren
1 EL Chiasamen
2 EL Zucker
Schokoaufstrich aus Süßkartoffeln (siehe Seite 10, doppelte Menge)

FÜR DEN TEIG:
250 g Zucchini
4 Eier
1 Prise Salz
200 g Zucker oder 250 g Erythrit
150 g Kakaobutter oder Butter
200 g Dinkelmehl
10 g Weinsteinbackpulver
60 g Backkakao
60 ml starker Kaffee oder Kakao

1. Zunächst für das Topping die Heidelbeeren waschen und mit den Chiasamen und dem Zucker in eine Schüssel geben. Mit dem Stabmixer pürieren und mindestens 2 Stunden kühl stellen.

2. Den Backofen auf 160 °C Umluft vorheizen. Für den Teig die Zucchini putzen, schälen und fein raspeln. Raspel in ein Geschirrtuch geben und die überschüssige Flüssigkeit gut ausdrücken.

3. Die Eier, das Salz und den Zucker in eine Schüssel geben und mit dem Handrührgerät 5 Minuten verquirlen.

4. Die Kakaobutter in einem Topf schmelzen und hinzufügen. Das Mehl, das Backpulver und den Kakao zum Teig sieben und vorsichtig mit einem Löffel vermischen. Nicht mehr mixen. Die Zucchiniraspel unterheben.

5. Ein Backblech (25 × 30 cm) mit Backpapier auslegen und den Teig darauf verteilen. Kuchen 20–25 Minuten im Ofen backen. Im Backofen mit geschlossener Tür auskühlen lassen.

6. Den Kuchen mit dem Kaffee beträufeln und mit der Heidelbeerkonfitüre bestreichen. Dann den Schokoaufstrich darauf verteilen. Kuchen mindestens 1 Stunde ziehen lassen.

Wer wenig Zeit hat, kann statt der Chiasamen-Heidelbeer-Konfitüre einfach 120 g fertige Heidelbeerkonfitüre nehmen. Als Ersatz für den Schokoaufstrich aus Süßkartoffeln kannst du 200 g Zartbitterschokolade in einer Schüssel im Wasserbad schmelzen und den Kuchen damit überziehen. Dieser Kuchen ist angelehnt an ein Rezept meiner slowakischen Freundin Jana.

Bibliografische Information der Deutschen Nationalbibliothek
Die Deutsche Nationalbibliothek verzeichnet diese Publikation in der Deutschen Nationalbibliografie. Detaillierte bibliografische Daten sind im Internet über https://dnb.de abrufbar.

Für Fragen und Anregungen
info@m-vg.de

Originalausgabe
1. Auflage 2023

Türkenstraße 89
80799 München
Tel.: 089 651285-0
Fax: 089 652096

Redaktion: Caroline Kazianka
Umschlaggestaltung: Pamela Machleidt
Umschlagabbildungen und Abbildungen im Buch: Stephanie Just
Satz: Christiane Schuster | www.kapazunder.de
Druck: Florjancic Tisk d.o.o., Slowenien
Printed in the EU

ISBN Print 978-3-7423-2560-0
ISBN E-Book (PDF) 978-3-7453-2339-9
ISBN E-Book (EPUB, Mobi) 978-3-7453-2340-5

Wir produzieren nachhaltig
www.m-vg.de

Weitere Informationen zum Verlag findest du unter
www.rivaverlag.de

Beachten Sie auch unsere weiteren Verlage unter www.m-vg.de